出租汽车司机驿站

建设实践与典型经验

交通运输部公路科学研究院
交通运输新就业群体党建指导服务中心　编著

人民交通出版社
北京

内 容 提 要

本书共分为党建引领凝心、场站换新增效、综合服务赋能、多元运营持续、集约标准惠民五个篇章，总结梳理了各地出租汽车司机驿站(小站)建设特色和经验成效，为全行业互鉴互学、共同推动出租汽车司机驿站(小站)运营服务水平提升提供经验参考。

本书旨在为政府管理部门制定发展政策、加强行业管理，为有关企业、科研单位参与出租汽车司机驿站(小站)建设工作提供参考和帮助，也可供出租汽车司机学习使用。

图书在版编目(CIP)数据

出租汽车司机驿站建设实践与典型经验 / 交通运输部公路科学研究院交通运输新就业群体党建指导服务中心编著．—北京:人民交通出版社股份有限公司, 2025.9.—ISBN 978-7-114-20562-0

Ⅰ. U471.3

中国国家版本馆 CIP 数据核字第 2025NQ0886 号

Chuzu Qiche Siji Yizhan Jianshe Shijian yu Dianxing Jingyan

书　　名： 出租汽车司机驿站建设实践与典型经验
著 作 者： 交通运输部公路科学研究院交通运输新就业群体党建指导服务中心
责任编辑： 刘捃梁
责任校对： 赵媛媛　刘　璇
责任印制： 张　凯
出版发行： 人民交通出版社
地　　址： (100011)北京市朝阳区安定门外外馆斜街 3 号
网　　址： http:// www.ccpcl.com.cn
销售电话： (010)85285857
总 经 销： 人民交通出版社发行部
经　　销： 各地新华书店
印　　刷： 北京交通印务有限公司
开　　本： 720 ×960　1/16
印　　张： 14.5
字　　数： 262 千
版　　次： 2025 年 9 月　第 1 版
印　　次： 2025 年 9 月　第 1 次印刷
书　　号： ISBN 978-7-114-20562-0
定　　价： 68.00 元

编　写　组

主　编　王　蔚　乔　睿　程国华　解晓玲

副主编　杨　涛　张孝法　田仪顺　高晓静　何华阳　尹　升

成　员（按姓氏笔画排序）

于明光　王　娟　王嘉莉　王　凯　王明文　王连凯
王　伟　王耀宽　王　喆　韦志忠　包瑞君　边宇翔
付　勇　田志强　刘继英　刘　晔　刘晓舜　刘贝贝
齐燕楠　汤　军　许一凡　孙　坤　孙海波　闫海东
朱鸿国　陈　杭　陈慧婷　李铭辉　李　明　陆陶荣
苏　瑛　巫立军　吴小威　杨　豹　杨　亮　余永捷
张　博　张　诚　张李娜　张文彬　张哲文　单文浩
金天涯　周　旭　周准彬　柳佳莹　赵　敏　钟　浪
郸达君　贾宏建　郭　艺　郭天浩　秦浩鹏　曹　志
崔　振　盖靖元　康　钰　黄　勇　韩　瑜　蔡　丹
潘成先

前言

PREFACE

开展出租汽车司机驿站等服务设施建设，是加强从业人员关心关爱、保障司机合法权益的重要内容，也是解决出租汽车司机停车、休息、充电、如厕等实际问题的有效举措，更是强化出租汽车行业治理、营造良好从业环境的现实要求。

2024 年，交通运输部将“大力推动出租汽车‘司机小站(驿站)’等综合服务设施，解决出租汽车司机‘就餐难、停车难、如厕难’问题”纳入民生实事，鼓励各地加强统筹协调，强化政策引导，加大资源整合力度，全力建好出租汽车司机驿站，不断增强出租汽车司机的获得感、幸福感和安全感。截至 2024 年底，全国共建成出租汽车司机驿站 840 余个。各地在为出租汽车司机提供停车、如厕、休息、饮水、充电等功能的基础上，不断探索党群服务、政务服务、工会服务、违章处理、考试培训等多样化服务功能，将司机驿站打造成为对出租汽车司机加强组织凝聚和关心关爱的重要阵地。

为做好出租汽车司机驿站经验总结和宣传推广，充分发挥示范引领和典型带动作用，更好指导各地从建设、运营、管理和服务等方面提升服务水平，在交通运输部运输服务司指导下，交通运输部公路科学研究院交通运输新就业群体党建指导服务中心编制了《出租汽车司机驿站建设实践与典型经验》一书，梳理总结具有可复制推广意义的出租汽车司机驿站建设实例。全书分为党建引领凝心、场站换新增效、综合服务赋能、多元运营持续、集约标准惠民五个篇章，总结建设特色和经验成效，为全行业互鉴互学、共同推动出租汽车司机驿站运营服务水平提升提供经验参考。

编　者

2025 年 3 月

目录

CONTENTS

第1篇　党建引领凝心

第2篇　场站换新增效

第3篇　综合服务赋能

第4篇　多元运营持续

第5篇　集约标准惠民

PART 01

第 1 篇 党建引领凝心

1. 身边的海棠花，心中的电暖流

（江苏省苏州市网约车行业党群服务中心）

一、基本情况

江苏省苏州市网约车行业党群服务中心（本案例以下简称“服务中心”）位于苏州市高新区邓尉路328号，总占地面积1700m²，由苏州市交通运输局和国网苏州供电公司联合打造，于2024年4月试运营并投入使用。

服务中心地处苏州高新区狮山商务创新区，周边毗邻商业繁华区和生活休闲区，位于苏州高新区人口密集地段，车流量、客流量大，区位优势明显。同时，服务中心邻近有网约车司机青春加油站、狮山会议中心网约车友好场景等多个服务点位，易于形成服务集群和聚合效应，以吸引巡游车和网约车司机前往该地段泊车、充电、休息。该服务中心依靠充电站工作人员开展日常运营服务，日均车辆服务量约200辆次，取得了阵地共建、设施共有、资源共融、服务共享的运营成效。服务中心内外环境如图1-1所示。

图1-1　服务中心内外环境

二、主要特点

一是资源高效利用。服务中心依托苏州高新区邓尉路电动汽车充电站修建，室外原先设置18个充电车位，室内原为电动汽车体验馆。本着“虽小而全、虽小而精、虽小而实”的原则，交通运输和供电部门在电动汽车体验馆内增建了网约车行业党群服务中心和“电暖流”新时代文明实践基地，增设了休闲阅读、食品加热、爱心加水、无线上网等功能区及相关设施器材。

二是促进低碳出行。围绕“智慧低碳、技术领先”的目标，供电部门在室外完善了交流慢充、大功率直流快充、双向充放电(V2G)、大功率无线充电等多种充电技术，为巡游车和网约车司机提供了更为科学的充电技术和更为优质的充电服务，将“践行减碳目标，倡导绿色出行”落到实处。

三、服务功能

服务中心以苏州市“海棠花红”党建品牌和国网系统“电暖流”新时代文明实践品牌建设为引领，着力打造红色引擎领航、凝聚服务护航、文明实践巡航特色功能，让“身边的海棠花”和“心中的电暖流”缔结出幸福之花、文明之花、长盛之花。

(1)理论学习平台。围绕强化政治引领，以服务中心为主阵地，以党建指导区为主课堂，构建完善“车轮党建”工作体系，定期组织出租汽车(含网约车)行业党组织书记、专职党务工作人员、党员司机等群体，开办党的创新理论课、党务工作实操课、党员先进交流课“三堂课”，加强党员经常性党性锻炼，引导党员群众在耳濡目染、潜移默化中加深认识。

(2)党建联建平台。以“海棠花红·E路有约”网约车司机群体党建品牌为引领，以经验互学、资源互补、难题共解、服务共做为抓手，通过“E通”项目与人社、司法、卫健等部门结对共建、党建联建，定期在巡游车和网约车党员司机群体中开展党建联建联学、关爱帮扶等活动，集中力量并汇聚优势为司机群体办实事、解难题，壮大党建“朋友圈”和关爱“服务圈”。图1-2和图1-3分别为服务中心开展理论学习和党建联学活动。

(3)关爱服务平台。在具备汽车充电、休闲阅读、食品加热、爱心加水、无线上网等静态功能的基础上，服务中心聚焦巡游车和网约车司机急难愁盼问题，发挥党群服务中心服务前台作用，定期开展送政策、送服务、送关爱活动。通过纪念日、黄金周、关爱月等时间节点，常态开展暖“新”集市、走访慰问等关爱行动(图1-4)，将政治关爱、政务关爱、业务关爱、法律关爱、生活关爱等“五彩”关爱做到车程上和心坎里。

(4)激励先进平台。为了弘扬劳动精神、奋斗精神、奉献精神，苏州市以服务中心为载体，评选宣传苏州市“最美网约车司机”和“苏州时代新人”司机代表，通过上墙、上线、上屏等系列展示，引导出租汽车行业从业人员学习先进、崇尚先进、争当先进。

图 1-2　理论学习

图 1-3　党建联学

图 1-4　关心关爱与宣传推广

（5）社会实践平台。借助"电暖流"新时代文明实践基地，软硬并举建设"苏馨""党员先锋车队""雷锋车队""巾帼车队"等爱心车队交流实践枢纽区，发动巡游车和网约车司机参与爱心送考、爱心助老以及"文明随手拍"等各类志愿服务行动

（图1-5）；同时，本着“双向”选择的原则，为网约车司机打造党群服务流动阵地，使车载阵地成为移动的党群宣传栏、温馨的客户服务端、延伸的文明实践点和无声的城市推荐官。

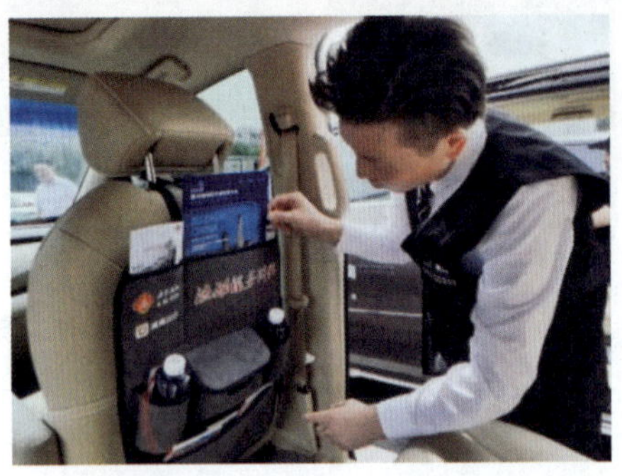
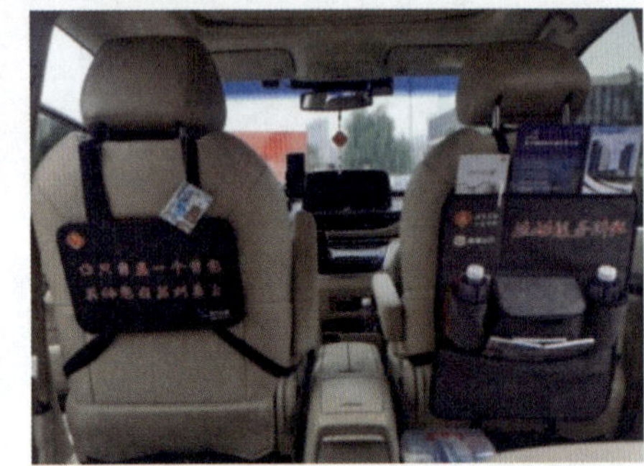

图1-5　志愿服务

四、取得成效

一是整合力量办好事、做实事、解难事，热度值持续升高。苏州市以服务中心为平台，坚持部门联动、信息联通、资源联享、活动联办，司机群体党建联建和服务保障项目阵营越做越强、版图越做越大、内容越做越多。由交通、教育、卫健、民政、公积金管理、供电等部门举办暖“新”市集的规格高、实惠多、辐射广，司机群体停车难、休息难、如厕难、充电难等问题得以有效解决，有关做法得到旗帜网、新华网等主流媒体宣传推介。

二是品牌活动过得硬、立得住、叫得响，影响面不断扩大。以“身边的海棠花，心中的电暖流”为目标路径，探索制度化、特色化做法，在车轮上、车厢里、车程中推广实践“6·18共产党员服务日”“凉周到”“‘苏城驶者·文明使者’交通运输新就业群体素养提升行动”等特色项目。2025年1月，“‘苏城驶者·文明使者’交通运输新就业群体素养提升行动”项目荣获江苏省志愿服务大赛一等奖。

三是司机群体听党话、感党恩、跟党走，意志力愈发坚定。建立完善思想赋“新”、理论润“新”的教育管理体系，促进思想提纯、精神提劲，出租汽车（含网约车）司机群体“新”向党、心向党、行向党更加坚定自觉。目前已累计有405名司机加入爱心车队，参与“爱心送考，为梦护航”“爱行千里，宝贝回家”等公益活动，2名网约车司机被评为“苏州时代新人”，形成了先进带前进、前进争先进的良好氛围。

2. 关爱有“家”，服务有“约”

（江苏省盐城市弘盛网约车司机党群服务中心）

一、基本情况

江苏省盐城市弘盛网约车司机党群服务中心（本案例以下简称“服务中心”）位于盐城市盐都区开元路176号，占地面积600m²，总投资75万元，由盐城市弘盛信息科技有限公司负责运营。服务中心（图2-1）是盐城市覆盖广、多功能、实用化的市级“盐路红色驿站”党建服务阵地之一，能够为盐城市区近3000名网约车司机提供停车、学习、饮水、充电、休息、淋浴、如厕、健身、简餐、洗车、维修等全方位一站式服务。同时服务中心还整合安全培训、政务审批通办、业务咨询办理、关爱服务、法律援助、心理咨询、诉求收集办理等16项系列暖“新”服务项目，运营团队12人，日均接待量超过300人次，打造了盐城市区有较大影响力的网约车党建品牌——“‘盐’路红旗飘”。

图2-1　服务中心外景

二、主要特点

一是推进"多站合一"。服务中心坚持"一引三带"(党建引领,党建带工建、妇建、团建),积极推动建站建家,一体推进"党群服务中心""司机之家""司机驿站""康乃馨服务站""工会之家""妇女之家"等多功能服务的全面融合与集成,实现了"多站合一""一点多能"的服务模式。特别是为女性司机打造的"康乃馨服务站",集学习、服务、活动、心理咨询等功能于一体,被盐城市总工会授予"女职工康乃馨服务站示范点"称号。

二是打造服务品牌。服务中心以"家"理念营造"新"有所属,聚合阵地、服务、平台和人脉资源,成立"'司机好人'宗泽鹏工作室""盐城网约车青春加油站""盐城市网约车车辆义诊点""'盐路通'智慧交通护航导航项目实训基地""'交惠您 通易办'政务服务品牌示范岗",一站式解决司机急难愁盼问题,并以"一家亲"的理念助力提升行业治理能力。

三、服务功能

(1)基本服务。服务中心设置接待大厅,设有专人接待并印发服务指南,向司机群体公开工作时间和服务电话,不断提升服务品质;设置休息室,服务功能和设施多样齐全,为司机提供热水、充电等服务;设置共享食堂,便于司机临时用餐,司机可免费使用微波炉、冰箱、电饭煲、燃气灶等厨房家电;此外,设置停车泊位10个,配备男女独立卫生间,切实解决了司机"吃饭难、停车难、如厕难"的问题。图2-2为服务中心的休息室和共享食堂。

图2-2 休息室和共享食堂

(2)休闲健身。服务中心设置读书角,提供理论著作、科技文化、军事体育、文学鉴赏等各类读物,定期举行阅读分享活动,促进司机相互交流,提升文化素养。

同时设置健身区域，配备各类健身器械，还提供普惠式健身指导和运动后淋浴等配套服务，方便司机尽情挥洒汗水，畅享运动乐趣。图2-3为服务中心的图书角和健身房。

图2-3　图书角和健身房

(3)党群服务。服务中心设置党员活动室，党员司机可在此开展主题党日活动(图2-4)，参加线上线下政治理论学习。同时，服务中心常态化开展“春送祝福、夏送清凉、秋送助学、冬送温暖”的“四送”关爱帮扶慰问活动，组织网约车司机安全、政策、法律法规等培训教育，持续帮助解决司机就业、学习、生活等实际困难。

图2-4　党群服务

(4)关爱女性司机。服务中心贴心打造专属女性司机的美好空间——康乃馨服务站(图2-5)，该站自成立以来已累计为女性司机解决出行、家庭等相关问题120多件，为女性司机提供家庭子女助学服务30余人次，为女性司机提供线下安全和技能培训20余场次，打造出“家+幸福赋能园”市级示范妇工服务品牌。

(5)宣传展示。服务中心充分利用楼道、走廊等公共开放空间进行宣传展示(图2-6)，推出巾帼荣誉墙、党员先锋榜，每月流动评选优秀党员司机和最美巾帼奋斗者，公布事迹，弘扬先进，让大家见贤思齐、凝“新”聚力，共同推进行业健康稳定发展。

(6)其他服务(图2-7)。服务中心安装了充电桩，方便车辆充电。服务中心还配备车辆专用维修设施设备，具备洗车服务功能，满足司机临时维修清洗车辆的需求。此外，服务中心设置政务服务咨询及帮办代办服务点，为司机提供合规办证、审批咨询等多样化服务。

图2-5　康乃馨服务站

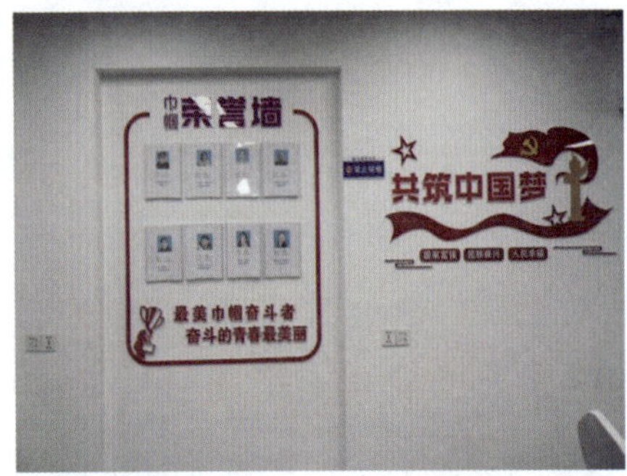

图2-6　宣传展示

图2-7　其他服务

四、取得成效

服务中心结合行业特点，通过组织“统”、多方“联”、聚焦“解”、双向“融”，为网约车行业注入“红色基因”，用可感可及的关心关爱，引导司机群体听党话、感党恩、跟党走。

一是组织“统”，聚合凝“新”。建立滴滴出行司机党支部，定期组织开展云上学习、重温入党誓词、过“政治生日”、参观教育基地、宣讲红色故事等主题党日活动，使流动司机党员由“一盘沙”变为“一张网”。

二是多方“联”，借力强“新”。借助服务中心强大的政治、组织、服务功能，实现政务服务咨询及帮代办业务驻点上门、出行信息资讯实时共享互通、维修救援志愿服务24h在线，使司机群体“无烦心、有单接”，促进行业发展良性向好。

三是聚焦“解”，关怀暖“新”。建立“未呼先应”清单，畅通“有呼必应”渠道，健全“随呼随应”机制，响应实施“交通暖‘新’一路同行”政治、政务、法律、业务、生活五大关爱服务行动，积极落实“暖新十条”，切实增强从业人员的获得感、幸福感、安全感。

四是双向“融”，善治聚“新”。发挥司机群体“走千条路”优势，授旗成立“关心司机群体志愿服务小队”，释放“司机好人工作室”典型效应，开展支部亮旗帜、党员亮身份、车辆亮标识、服务亮承诺活动，示范引领“‘盐’路红运·畅行有‘约’”党建品牌在盐阜大地绚丽绽放。

3. 司机驿站聚人心，关爱服务暖“新”坎

（江西省抚州市网约车司机党群服务中心）

一、基本情况

江西省抚州市网约车司机党群服务中心（本案例以下简称“服务中心”）位于抚州市临川区汤显祖大道与仙临路交会处，占地面积达8亩（1亩≈666.67m²），紧邻抚州市火车站，交通出行便捷，地理位置优越。服务中心作为抚州市道路运输行业党委关爱网约车司机群体积极打造的暖“新”服务点，现由抚州市交通绿色出行行业协会负责运营管理。该服务中心紧扣网约车司机群体遇到的实际问题，按照设施“因陋就简”、功能“应有就有”的思路，为网约车司机群体打造了一个温馨、舒适的综合服务场所。服务中心自2024年10月投入运营以来，日均车辆服务量超百辆次，为司机提供了综合性优质服务，是抚州市网约车司机群体的重要聚集地。图3-1为服务中心外景。

图3-1　服务中心外景

二、主要特点

一是功能多元，服务全面。服务中心是一个为网约车司机群体量身打造的综合性服务场所，具备充换电、就餐、休息、娱乐等方面实用功能，满足网约车司机多方面需求。服务中心24h开放，为网约车司机提供了一个温馨的“落脚点”。

二是空间优化，设施完善。服务中心有效利用闲置的汽车充电站，将其改造为网约车接单等待区，提高了充电站的使用效率，避免了资源的闲置与浪费。服务中心还配套建设了面积达144m²的活动板房，合理规划接待办公区、休息娱乐区等服务区域，实现了空间的高效利用，满足网约车司机的多元化需求。

三是综合服务，便捷高效。服务中心精心打造了一站式综合服务站点，为网约车司机提供全方位、便捷、高效的服务。服务中心是网约车司机倾诉心声、寻求帮助的温馨港湾，能够有效提升司机的职业认同感、幸福感与归属感，使他们能够更加安心、舒心地投入到日常工作中。

三、服务功能

(1)设备齐全的能源供给。服务中心配备了30个新能源汽车充电桩，满足新能源汽车的充电需求，助力绿色出行；打造了抚州第一家新能源营运车辆换电站，司机只需4min即可完成换电，节省了司机等待时间。同时，换电站(图3-2)可对电池运行情况进行检测，确保电池健康，对车辆动力电池的使用寿命及充电效率提供多重智能保护。此外，司机可以使用服务中心配套的洗车设施清洁车辆，为乘客提供良好的乘车环境。

图3-2　换电及充电区域

(2)温馨舒适的休闲场所。服务中心内规划了多个功能区域，一楼休息区设置沙发、按摩椅，为长时间工作的网约车司机提供舒适的休息环境，缓解驾驶疲劳；运动区设置跑步机、脚踏车等室内健身器材，方便司机在充换电等待或休息间隙锻炼身体，增强体质，同时也有助于缓解工作压力；休闲娱乐区设置游戏机、图书柜、电视机等，可供网约车司机休闲娱乐、阅读学习和观看热点新闻；网约车接单等待区设置宽敞的停车泊位，可同时满足30辆网约车临停接单需求。二楼设置矛盾调解室、司机培训室、党员活动室、工会活动室等，充分发挥党组织和工会在组织、引导、服务群众和维护群众合法权益方面的作用，进一步推动了网约车行业健康发展。图3-3为服务中心休息及运动区域。

图3-3　休息及运动区域

（3）高效便民的办事服务。服务中心精心打造了一站式综合服务站点（图3-4），并安排专业人员常驻办公，为网约车司机提供证件办理、年审、保险、网约车业务咨询等一站式办事服务。司机在服务中心即可完成相关手续办理与业务咨询，提高了办事效率，节省了时间和精力。同时，工作人员面对面倾听司机诉求，为他们提供更加精准、贴心的服务，搭建司机与运营公司之间沟通的桥梁，帮助双方进行有效沟通，共同解决工作中遇到的问题和困难。

图3-4　咨询和办事窗口

(4)暖“新”聚心的党群活动。服务中心积极探索“党工共建”新思路、新模式，联合工会开展各类关心关爱新就业群体活动(图3-5)，为司机打造温馨家园。服务中心组织免费体检并举办健康讲座，邀请专家讲解司机职业病预防等相关知识，为出租汽车司机群体的健康保驾护航；举办志愿者服务活动，提供法律咨询、健康义诊、应急救护培训、心理咨询等志愿服务；开展夏日送清凉活动，为在高温天气下持续辛勤工作的司机送矿泉水、防暑药品等物资；节假日期间，走访慰问困难党员和困难司机，为他们送去组织的温暖和关怀。

图3-5　爱心活动

四、取得成效

一是推动网约车行业发展。服务中心为司机提供了便捷的租车和购车服务，从而吸引更多司机加入，增加网约车运力规模，同时还带动了相关租赁和销售业务发展，为行业创造了更多的经济价值。此外，服务中心内的充电区、换电区、洗车区等功能区域的运营，也为相关服务运营商带来了稳定的收益。

二是带来良好的社会效益。服务中心有效解决了火车站周围区域网约车乱停放的问题，规范了交通秩序，提升了城市形象。服务中心的设立，使司机能够高效便捷地办理日常行政审批手续，节省了时间和精力，提高了工作效率。此外，服务中心为司机群体提供了舒适的休息娱乐空间，有助于缓解他们的工作压力，保障行车安全，提升服务质量，从而为乘客带来更好的出行体验。

三是提供可持续的运营模式。服务中心通过与多部门合作，实现了资源共享和优势互补。合理的功能分区和服务设置，吸引了大量司机，保障了稳定的客流量。同时，服务中心秉承“服务司机、关爱司机”的宗旨，不断创新服务模式，提升服务质量，为网约车司机群体提供更加贴心、便捷的服务，保障稳定可持续运营，力争为抚州市网约车行业乃至道路运输行业的高质量发展贡献更多力量。

4.建多功能“司机之家”，打造暖心“红色驿站”

（山东省威海市华厦网约车司机之家）

一、基本情况

山东省威海市华厦网约车司机之家（本案例以下简称“司机之家”）位于威海市环翠区嵩山路100-2号，占地面积超过8000m^2，建设主体为华厦网络科技服务（威海）有限公司。司机之家（图4-1）地处威海华夏城5A级旅游景区及威海火车站中间地段，距威海火车站2km，紧邻城市“大动脉”环山路，东距城市主干道青岛路、海滨路约3km，南临齐鲁大道1.2km，交通便利，区位优越。司机之家坚持服务常抓、大门常开、活动常办的原则，目前由7名工作人员负责日常运营，为广大司机提供停车休息、饮水、如厕、学习阅读、就餐、充电、维修、道路救援、业务咨询办理、法律咨询等多样化贴心服务。2024年，司机之家日均接待服务量约280人次，成为司机心中“蓄能充电”的温馨港湾。

图4-1　司机之家全景

二、主要特点

华厦网络科技服务(威海)有限公司立足新能源汽车销售与公共充电服务基础业务,依托场地资源优势,租用大面积停车、充电及配套区域开展运营。2021年公司业务拓展至网约车领域,通过代理运营易达出行平台,重点吸纳党员、退役军人群体组建专业化车队,形成以党员车队为引领、志愿车队为主体、退役军人车队和巾帼车队为特色的多维服务体系。公司充分发挥党建引领作用,于2023年9月正式成立华厦网约车党支部,以"阵地建设、机制优化、公益实践"为路径,构建起集新能源汽车销售、网约车平台运营、公共充电服务于一体的全链条产业生态,同步打造兼具功能性与人文关怀的网约车司机之家,强化行业服务支撑能力。

三、服务功能

(1)停车充电(图4-2)。司机之家停车场面积约5500m²(办公楼前面积5000m²,楼后面积500m²),最多可同时容纳300余辆车停放,停车场内设置2座快速充电站(含快速充电桩15个)、8座慢速充电站(含慢速充电桩40个),充电价格低于市场价,向网约车司机提供优惠充电补给服务。

图4-2 停车及充电服务

(2)休息服务。司机之家提供桌椅、空调、饮水机、公共卫生间等配套设施,同时具备手机充电、无线上网、医药急救等服务功能,满足司机休息娱乐需求。

(3)学习阅读。司机之家设置书柜及刊物栏,投放各类书籍和党建、行业刊物,为司机提供舒适的学习场所和丰富的学习资料。图4-3为司机之家休息及阅读区域。

(4)就餐服务。司机之家对外开放共享餐厅(图4-4),可同时容纳100人就餐,司机、公司员工以及外来人员均可来此就餐，日均接待70~80人次。餐厅收费标准为15元每人次，营业时间为每日9时至15时，采用自助餐形式，菜品提供至少2种荤菜、8种素菜以及汤、粥等，主食提供馒头、米饭等，饭菜可自由搭配。

图4-3 休息及阅读区域

图4-4 餐饮服务

(5)车辆维修。司机之家建有面积为200m²的自营维修车间，为司机提供车辆保养、故障检测、设备安装、调试等服务(图4-5)。日均进店维修的车辆数量约20辆次。

(6)住宿服务。司机之家提供26间客房(图4-6)，可满足司机的住宿需求，房间均为家庭房形式，司机可以选择与他人合租，也可以与家人共同租住。住宿区域设置免费的共享浴室和公共卫生间，并配备冰箱和洗衣机。

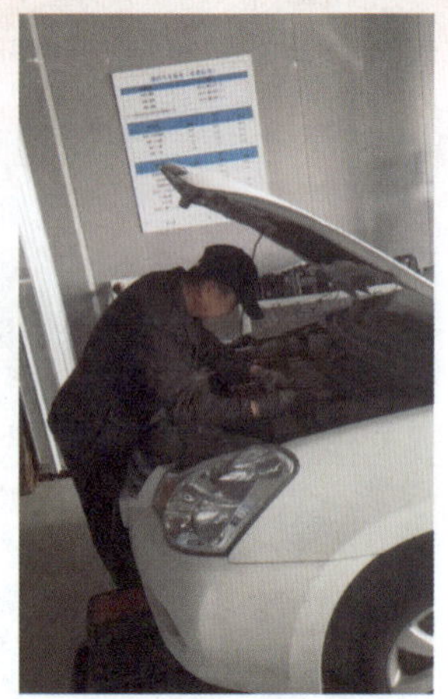

图4-5 车辆维修服务

图4-6 住宿服务

(7)“一站通办”综合咨询办理(图4-7)。司机之家打造“一站通办服务e站”,提供网约车业务办理、车辆租赁、综合业务、法律咨询、心理咨询等服务。其中,“综合业务”是指为网约车司机提供订单量、收入明细、违章记录等一站式信息查询服务,同时还负责处理乘客投诉、收集意见,保证网约车服务质量和乘客满意度;“法律咨询”是指司机之家聘请了专业的法律顾问,能够在合同纠纷、劳动权益、交通事故处理等方面,给予司机专业的法律指导和解决方案。

(8)党群服务(图4-8)。公司于2023年9月成立党支部,支部目前有党员23名,入党积极分子6名。公司建设了专属党员活动室,定期组织党员开展学习教育、会议培训、志愿活动等,加强对网约车司机群体的政治引领和组织凝聚。

图 4-7　咨询服务

图 4-8　党群服务

四、取得成效

一是凝聚司机“向心力”。多样化服务功能和司机特色增收项目，改善了司机群体的休息条件和从业环境，拓宽了司机增收渠道，吸引了更多网约车司机加入；司机之家在威海市全行业首创无押金、零利润车辆试开培育机制，避免司机盲目进入行业造成个人损失；以信用建设为抓手，建立了一套科学有效的诚信记录、评价、奖惩机制，引导网约车司机带头履行行业规范、参与基层治理，有效提升司机群体身份认同感、职业荣誉感、社会归属感。

二是提升党建“引领力”。以华厦网约车党支部为阵地，引导司机流动党员主动报到，加大对优秀司机的发掘培养力度。目前，已有 23 名流动党员报到在册、6 名司机成为入党积极分子，党员队伍不断壮大；加强思想政治引领，充分利用线上、线下资源，组织党员开展党课学习、培训教育80余次，推动流动党员流动不“流学”；组建爱心车队，引领司机积极践行社会责任，2024年以来，共有150余名司机参与了党支部发起的公益志愿活动，惠及市民320余人，赢得了社会认可。

三是提升品牌“影响力”。积极探索网约车司机“全过程”管理模式，打造“欣欣向党、融信共治”网约车服务品牌，不断推动企业发展走深走实。截至2024年底，公司管理网约车司机450余人，司机增幅连续两年超40%，规模居威海市第3位。依托司机之家，公司先后荣获国家AAA级诚信经营示范单位、AAA级质量服务诚信单位、中国2024年度商务诚信实践案例等荣誉。

四是提升权益“保障力”。作为易达出行平台威海分公司实际运营商，公司已与易达出行平台总部达成协议，总部将进一步下放城市业务运营管理权，重新调整抽成分配机制。由此，易达出行威海分公司便于合理控制平台订单抽成比例，更好保障司机合法权益。

5.“豫”建红心，“焦”惠暖途

（河南省焦作市出租汽车综合服务区）

一、基本情况

河南省焦作市出租汽车综合服务区（本案例以下简称“服务区”）位于焦作市解放区，周边医院、商业等设施配套成熟，客流量大。服务区占地面积约15亩（1亩≈666.67m^2），建设主体为焦作市道路运输服务中心，目前配有专职工作人员3人，兼职工作人员7人，日均接待服务量超100人次，是河南省交通运输行业首批省级甲类“暖心驿站”。入驻综合服务区的出租汽车企业党支部获评焦作市“优秀基层党组织”；入驻服务区的12328交通运输监督服务热线获评2024年度河南全省考核第一名。图5-1为服务区外景。

图5-1　服务区外景

二、主要特点

一是党建引领筑阵地。服务区内设有党员活动室，吸引了出租汽车行业实体党支部、流动党支部入驻，是党支部、党员车队、退伍军人车队开展党建活动的主要阵地（图5-2）。

二是共建共享优服务。焦作市道路运输服务中心作为建设主体，投入130万元完善了相关基础设施。投入运营后，根据司机实际需求，市总工会成立了城市客运行业工会联合会、市妇联成立了城市客运妇女联合会并入驻服务区（图5-3），人社、共青团、市社工部、法律援助、仲裁委、辖区办事处等部门相继入驻，为广大司机提供多元化、个性化的服务。

图5-2　党员活动室及党员活动

图5-3　工会及妇联活动

三是运营模式可持续。服务区充分利用区域车流量与客流量大、服务区配套设施较为完善等特点，引入充换电站、理发、餐饮等商家入驻，在以优惠价格面向司机提供服务的同时，积极拓展对社会车辆及人员的充换电（图5-4）及餐饮（图5-5）等服务，努力实现由政府“输血”向自我“造血”模式转变，做到可持续运营。

图5-4　换电及充电设施

图5-5　餐饮及生活服务

三、服务功能

(1)政务服务。服务区承担了出租汽车行业党建工作,利用阵地开展形式多样的党建活动,引导党员司机亮身份、当先锋,培养了一批政治可靠、爱岗敬业、表现优秀的党员司机,发挥服务标兵的示范效应。

(2)政务服务。服务区将涉及出租汽车行业的行政职能集中在一起,方便司机办理相关业务,实现一站式服务。

(3)法务服务。服务区组织邀请司法部门、律师事务所的专家、律师,为出租汽车企业和司机提供专业法律服务,为企业发展和司机合法营运提供法律保障。

(4)生活服务。服务区提供热水、充电、餐食加热、休息、停车、如厕等服务,有效解决出租车司机"就餐难、停车难、如厕难"等问题,切实改善了司机停车休息环境和服务条件。

(5)其他服务。95128约车热线、12328交通运输服务监督热线均在服务区统一办公,特别是12328热线利用服务区这一实体阵地,高效开展线下调解服务,有效化解了司乘矛盾,为打造和谐行业起到了积极的促进作用。

四、取得成效

一是企业满意。服务区允许出租汽车企业、充换电企业、餐饮店、理发店、洗车店等相关商家以零成本或者低成本入驻,大大降低了其经营成本,提升了商业经济效益。

二是司机满意。充换电、休息以及政务服务等多元化的一站式服务,很好地解决了司机的现实需求,提高了营运效率,增加了营运收入,提升了广大司机的幸福感和获得感。同时司机可以通过“情满豫途”线上小程序反映相关诉求，对服务区进行线上评价。

三是乘客满意。通过出台“一补二奖三宣传”政策，广大司机积极将乘客遗落在车内的物品、现金等上交至服务区，失主可以前往服务区认领。自服务区启用以来，乘客已认领丢失物品上千件，其中不乏有笔记本电脑、手机等贵重物品。

专栏5-1

出台“一补二奖三宣传”政策，从“要我还”到“我要还”

“你好，我是一名乘客，有司机师傅把一个行李箱送到你们那里吗?”“你好，请问有司机师傅送还一部手机吗?”像这样的寻物电话，焦作市出租汽车综合服务区的工作人员每天至少要接到五个，多则十几个。

人们在日常乘坐出租汽车时，因为粗心大意或者醉酒等，经常将随身物品遗落在出租汽车上。有的司机会不计成本，及时联系并送还乘客，但还有一部分司机因担心乘客不给误工费或者耽误自己营运等，不主动归还乘客。

为鼓励广大司机发扬拾金不昧精神，让做好事的司机获得相应的物质奖励和精神奖励，焦作市道路运输服务中心于2021年5月出台了“一补二奖三宣传”政策。“一补”是对因将失物返还失主(或交到出租汽车综合服务区)而产生的车费，给予出租汽车司机当次车费全额补助;“二奖”是按照不低于车费的2倍标准给予出租汽车司机奖励;“三宣传”是通过媒体宣传出租汽车司机的先进事迹，弘扬正能量。

司机张师傅说:“以前捡到乘客的东西，有乘客联系了再说，没人联系我就先跑车，现在咱们运输服务中心组建了出租汽车综合服务区以后，我们不但有地方送，而且还有奖励。”

自出租汽车综合服务区建成以来，拾金不昧、物归原主、送锦旗等展示行业正能量的好事几乎每天都在上演。小到一张银行卡、一本书，大到行李箱、笔记本电脑甚至是名贵药材等，司机师傅们统统送到服务区。

截至目前，司机主动送还乘客遗落物品达3650余件，送还乘客丢失现金4.2万元。服务区对拾金不昧司机的奖励金额累计达1.8万元。

四是社会满意。服务区实现了资源共享,广大交通警察、环卫工人、外卖员、快递员等均可到服务区享受便利的共享服务。市社工部、交通运输、总工会、人社等部门,通过服务区及相关载体,将对新业态劳动者的关心关爱举措真正落实到了实处。

6.红色e站，服务领行

（湖北省武汉市车谷e站网约车司机之家）

一、基本情况

湖北省武汉市车谷e站网约车司机之家（本案例以下简称“司机之家”）位于武汉市蔡甸区车城西路10号，距东风大道主干道1km，周边商圈、居民住宅区、学校聚集，具有地理位置优、综合配套全、司机聚集多、服务需求大的特点。司机之家（图6-1）占地面积15亩（1亩≈666.67m²），建有54台直流快速充电终端、80个停车泊位和1个自动换电站，充电范围辐射整个沌口片区，地理位置和场所优势明显。2022年9月，司机之家正式投入运营，目前配有工作人员6人。

图6-1　司机之家外景

二、主要特点

司机之家位于武汉国家电网公司三角湖充电站内，是武汉经开区委两新工委、区城管局、区交通局、区总工会、沌阳街道、金域蓝湾社区、国网供电、T3出行（南京领行科技股份有限公司武汉分公司）等单位整合“江城蜂巢”、户外职工“爱心驿站”，为全区5000余名网约车司机打造的党建阵地。目前司机之家同时挂牌武汉市交通局示范网约车司机之家、车谷户外工作者驿站、经开区基层法律服务站、工会爱心驿站、T3出行红色驿站。

三、服务功能

司机之家因地制宜设置功能分区，包括党员教育区、学习交流区、临时休憩区、饮水就餐区、自助服务区、积分兑换区、停车充电区等区域，配备空调、微波炉、冰箱、应急药箱、手机充电装置、沙发桌椅、书报架、电视机、积分兑换礼品展示柜、24h自动售货机等设施，高效便捷服务网约车司机群体。图6-2为司机之家内景。

图6-2 司机之家内景

(1)构建党建服务体系。一是建立“专职+平台”双轨联络机制，区委两新工委派驻1名专职党建指导员，平台配备4名驻点人员开展常态化联系服务，开发司机信息登记系统，将政治面貌设为必填项，建立全国党员信息系统比对通道。二是创新“党建+公益”实践载体，组建先锋车队，打造流动服务品牌，设计爱心送考、一键叫车、老年关爱等6类公益服务项目，建立服务积分兑换激励机制。三是实施流动党员“归巢计划”，通过张贴公开信、App弹窗提醒等方式引导党员报到，开展“组织找党员、党员找组织”双找行动。

(2)搭建多维服务平台。一是打造“车谷e站”综合服务体，整合党群服务中心、司机之家等功能，设置24h自动售货机、积分兑换专区等配套设施，开发“江城小蜜蜂”数字化治理平台，实现诉求直报。二是建立政企协同服务机制，统筹城管、公安、群团等12个部门成立联席专班，制定年度服务项目清单，形成诉求收集-分析-解决工作闭环。三是拓展“线上+线下”服务体系，通过司机交流群、App弹窗实现政策即时推送，运用问卷调查、恳谈会等渠道动态收集需求，建立问题分级响应机制。

(3)优化基础保障体系。一是实施充电服务提质工程，新建54台智能快充终端，实现半小时闪充，联动国网供电推行错峰充电补贴，电价降幅达47%，形成示范效应。二是构建“5+X”生活服务体系，整合车企、商超等资源开通车辆检修、网上订餐等特色服务，创新“地下电网+地面设施”复合建设模式，破解场地限制。三是开展职业技能提升行动，组织急救培训、安全驾驶等专题培训，建立优秀司机表彰制度，举办先锋讲堂，强化典型引领。

四、取得成效

一是党员管理与组织建设成效显著。通过完善司机信息登记、比对全国党员系统等方式，累计摸排网约车行业党员75名，推动流动党员主动向党组织报到。组建全省首支网约车行业“先锋车队”，带动党员司机参与爱心送考、老年关爱等6类公益服务项目，累计服务群众超5000人次，在基层治理中发挥先锋模范作用。

二是群体服务覆盖面持续扩大。建成车谷e站网约车司机综合服务平台，累计开展夏日送清凉、急救培训等特色活动24场，参与司机超1000人次；设置积分兑换专区，吸引300余名司机注册“江城小蜜蜂”基层治理平台，上报安全隐患、不文明行为等社会治理线索，形成“接单即巡查”工作模式。

三是司机生活成本切实降低。新增54台直流快充终端，充电时长由原标准缩短至30min，电价从0.38元/(kW·h)降至0.2元/(kW·h)，单次平均充电成本降低8.6元。通过修建开放式洗手台、开通网上订餐服务等举措，解决车辆清洗、司机就餐等实际问题，服务场景覆盖充电、检修、休息等全链条需求。

四是诉求响应机制高效运转。建立“线上弹窗+线下恳谈”双向沟通渠道，目前累计收集司机诉求51条，推动高频问题有效解决。例如针对市民周末充电需求，调整服务时间为周一至周五全天开放；联合多部门制定年度服务项目清单，实现服务内容、责任单位、完成时限“三明确”，诉求办结率显著提升。

五是特色品牌效应逐步显现。创新打造“紫荆花”女子车队，开展女性司机专项活动；首创“党建+公益”服务模式，将网约车服务延伸至助老助残、医疗应急等领域，形成可复制推广的行业服务标准，相关做法获得媒体广泛报道。图6-3为司机之家开展的妇联活动及消防培训。

图6-3 妇联活动及消防培训

7.广州焕诚展党韵,司机港湾谱新篇

（广东省广州市焕诚司机服务之家）

一、基本情况

广东省广州市焕诚司机服务之家(本案例以下简称“司机之家”)位于广州市白云区永平街同泰路116号,由焕诚公司与永平街党工委、滴滴出行平台联合打造。司机之家(图7-1)由原有的滴滴出行·授权服务之家(焕诚同泰路店)升级改造而成,总面积1369m^2,包含停车区、休息区、宣传教育区、流动党员学习室、洽谈区等功能区域。司机之家目前配备运营服务人员18人,重点服务焕诚公司组织管理的3000余名司机,且面向广州市网约车司机开放,为他们提供全职业周期的闭环式服务。

图7-1　司机之家外景

二、主要特点

一是突出党建引领。在上级管理部门与滴滴广州党支部委员会的指导帮助下,焕诚公司积极推动党建工作与企业发展相互促进,组织党员司机建立流动党支部,设置流动党建活动室(图7-2),将司机之家打造为党建引领业务发展的主阵地,扎实推进司机群体的基层党建工作。

图7-2　党建活动室

二是强化多元服务。司机之家以多元化服务为特色，在提供停车、休息、加能等基础服务的同时，更致力于打造具备教育学习、心理辅导、法律援助及诉求收集等贴心服务功能的党群服务微阵地。司机之家定期为司机提供平台规则、交通安全、服务标准等职业教育培训，帮助司机全面了解平台规则，提升运营效率，增强司机的安全意识和服务意识，提升整体服务质量。

三是注重资源整合。通过深度整合资源，司机之家与相关部门高效联动，畅通司机需求反馈渠道，积极参与政策研究，确保服务贴近司机实际需求。该模式不仅提升了司机的职业获得感与归属感，还推动了司机之家与外界的共建共享，实现了服务与管理的双重升级，彰显了司机之家的独特魅力。

三、服务功能

司机之家作为专为广大司机群体打造的综合服务中心，集党建学习、业务办理、停车休息等功能于一体(图7-3)，为司机们提供了一个全方位的综合服务平台。

(1)定期党建活动。司机之家积极开展党建活动，为司机群体提供了一个学习、交流与成长的平台。如定期举办党建学习会、党员交流会等活动，通过党建活动促进司机之间的交流与互助，增强团队的凝聚力和向心力。

(2)一站式业务办理。司机之家为网约车司机提供了从业资格考试报考到车辆维修的一站式服务。司机群体无须再奔波往返于多个办事地点，只需在司机之家即可办理相关业务。同时，司机之家配备专业的工作人员，为司机解答各类疑问，提供个性化的服务方案，确保司机能够高效、便捷地办理各项业务。

(3)高品质便捷服务。司机之家设置60个停车泊位，充分满足司机的停车需求，有效解决了司机群体“停车难”的问题。休息区配备了沙发、茶几、种类丰富的书籍以及文化墙，为司机提供了一个温馨、雅致的休息环境。此外，还配备了微波炉、冰箱等生活设施，方便司机加热餐食和储存食物。

图 7-3　业务办理及司机休息区

四、取得成效

司机之家通过创新运营模式与深化服务内涵，在促进行业发展、服务民生需求方面取得显著成效，主要体现在以下三个方面。

一是创新运营模式，构建综合服务体系。坚持以党建引领为核心，有机整合停车管理、业务办理、生活休息等多元化服务功能，形成具有行业示范效应的运营体系。通过优化服务流程显著提升司机工作效率，日均接待服务量超千人次，服务满意度持续保持高位。平台依托优质服务吸引大批从业者加入，有效激活网约车运力资源，实现业务规模持续增长。

二是推动经济效益提升，促进区域发展。通过打造枢纽型服务综合体，在提高司机接单效率与车辆周转率的同时，有效带动周边餐饮、零售等配套产业发展，吸引消费流量，形成以交通服务为核心的新型商业生态圈。区域商铺出租率大幅提升，实现经济效益与社会效益良性互动。

三是彰显社会价值，赋能行业发展。建立常态化职业培训机制，系统开展安全驾驶、服务规范等专业技能培训，显著提升从业人员职业素养。创新"车轮上的党建"工作模式，组建党员先锋车队开展爱心送考、应急保障等公益活动，相关事迹多次获广州市主流媒体报道，有力塑造了网约车行业积极向上的社会形象。

8.筑牢关心服务主阵地，引导司机参与基层治理

（广东省中山市中港党群服务中心网约车司机驿站）

一、基本情况

广东省中山市中港党群服务中心网约车司机驿站（本案例以下简称“司机驿站”）位于中心城区，连接主干道博爱路、南外环、坦洲快线，交通便利，占地面积超2000m²，配备停车泊位100个、充电桩20个，2023年以来，已累计服务网约车从业人员超7.5万人次。图8-1为司机驿站外景及充电停车区域。

图8-1 司机驿站外景及充电停车区域

二、主要特点

司机驿站由民营企业投资，属于政府、协会、平台、企业共同打造的项目，通过党建结合业务、“互联网+”流量模式，既搭建了政府、协会、企业和从业人员之间的沟通平台，也给企业带来品牌、文化以及经营收入方面的提升，形成多方共赢的良好合作模式。建成以来，司机驿站起到了很好的示范作用，充分调动了民营资本的积极性，目前中山市众多充电站、维修综合站、网约车服务站主动提出新建功能区，申请挂牌成为中山网约车司机驿站。

三、服务功能

(1)解决“三难”问题。驿站内部装修简约而温馨,生活区配有洗手间、热水器、微波炉等设施,汽车服务区提供保险理赔咨询、车辆租赁及自助洗车服务,党建学习区设有座谈室及培训室。

(2)参与行业治理。交通运输主管部门定期同义务监督员代表在司机驿站内开展座谈会,商议行业发展思路,通过新业态从业人员参与社会治理,已排查问题552项,抽查订单7046单,发布行业通报21份,使中山市网约车合规率跃升至97%,位于广东省乃至全国前列。

(3)培树宣传典型。司机驿站内特别设立了荣誉墙(图8-2),展示历届明星司机的风采、爱心送考的感人故事、崇军车队的奉献精神,以及各项活动纪念章、感谢信、锦旗等荣誉象征。这些荣誉不仅代表了司机群体的辛勤付出和无私奉献,也体现了社会对他们的认可和尊重。

图8-2　党员活动室及特别荣誉墙

四、取得成效

司机驿站作为中山市网约车从业人员的重要服务阵地,致力于为网约车司机提供职业培训、法律咨询、健康关怀以及文化活动等服务,旨在提升司机的职业素养,保障其的合法权益,同时充分发挥新业态就业群体参与社会治理的作用,增强司机群体的归属感和凝聚力,通过多方坚持不懈的努力共建,取得了以下多项成效。

一是成为中山市社会工作观察站。2024年该阵地被市委社工部评选为新业态社会工作观察站,观察员团队由1622名网约车司机成员组成,他们积极投身社会治理,既是问题的发现者,也是群众意见的倾听者与传达者,为城市的和谐安宁贡献了自己的力量。图8-3为义务监督员参与行业治理座谈会。

图8-3　义务监督员参与行业治理座谈会

二是成为红十字会急救知识培训基地。市交通运输局与市红十字会在此阵地联合创立“急救先锋”车队，120名司机分批接受深度培训，成功获取了《红十字救护员证书》，并成为急救知识的宣讲师，在阵地向超2300名网约车司机宣传急救知识（图8-4）。

图8-4　急救培训

三是成为全国首个崇军车队发起点。市交通运输局与市退役军人事务局紧密携手合作，在此发起全国首个崇军车队，共计有288名网约车司机报名参加，目前已累计服务现役军人及家属367人次（图8-5）。

四是成为全国交通运输信用体系建设典型案例宣传点。2024年，中山市交通主管部门建立的新业态诚信体系经验被收录至《交通运输信用体系建设典型案例》，在全国范围内得到推广。该阵地作为诚信体系建设的宣传点，累计培训新业态从业人员超3.65万人次，广东省内外多个城市的交通运输领域相关单位来此参观学习。

图8-5　崇军车队提供服务

9.红舵领航,蓉东暖驿

（四川省成都市“华仔红色方向盘”网约车司机之家）

一、基本情况

四川省成都市“华仔红色方向盘”网约车司机之家(本案例以下简称“司机之家”)位于成都市成华区锦绣大道5333号负二楼,紧邻成都东站,内部面积超$560m^2$。司机之家(图9-1)依托成都东站每年1.5亿人次的巨大客流资源,结合外部既有的$1000m^2$网约车接送区域、$600m^2$新能源车辆充电区域(含68个充电桩)、200个网约车临时停车泊位,以及通过站城一体化便捷联通的鹏瑞利东站广场$280000m^2$餐饮区域、医疗康养等资源载体,因地制宜打造而成。自2022年12月投入运营以来,累积接待服务量已超5万人次。

图9-1　司机之家外景

二、主要特点

司机之家是“党委政府打造,工会组织参与,协会实施运营”的网约车服务阵地,在省市组织、交通、工会等部门的指导下,由成都市成华区委组织部(区委“两新”工委)牵头,区住建交局、东客站新城办、区总工会、成都市网约车协会等相关单位共同参与打造,是围绕党建引领、资源共享、特色服务等方面共同为网约车司机、网约车平台、网约车行业提供服务的线下阵地。

三、服务功能

（1）政务服务。司机之家政务服务区占地面积约 105m²，主要分为证件办理区、行业平台注册政策咨询区和工会会员一键入会区，共设立 7 个工位，具体办理网约车司机从业资格证、工会会员一键入会、营运车辆违章处理等业务（图 9-2）。

图 9-2　服务大厅与咨询服务

（2）党员服务。党员服务区占地面积约 70m²，是网约车司机基层党组织开展组织生活和服务司机党员的主要阵地，实现对网约车司机这一新就业形态群体的党建引领（图 9-3）。

图 9-3　党员服务区与党员活动

（3）生活服务。生活服务区（图 9-4）占地面积约 260m²，设有司机休息室，配备饮水机、微波炉、冰箱、体检一体机等生活便利设施，24h 全天候满足网约车司机休息、饮水等需求；还设置了电影放映区、心理减压室、心理咨询室、劳动争议调解法律咨询室等区域为司机舒缓解压、提供帮助。司机会员可以下载注册职工普惠 App，通过扫描“电子会员卡”享受各项服务。

图9-4　生活服务区

(4)阅读学习。职工书屋占地面积约50m²,提供朗读亭、考试模拟练习等学习资源(图9-5)。

图9-5　职工书屋及模拟考试系统

四、取得成效

四川省市区各级党委政府一直高度重视网约车行业发展和网约车司机权益保障工作,在各级组织、社工、交通、工会、人社等部门的关心和支持下,成都市在全国省会城市中较早成立了网约车行业协会,并在成都东站周边建设"华仔红色方向盘"网约车司机之家,为网约车司机提供暖心服务。

一是协会作用切实发挥。网约车行业协会成立后,为了进一步完善组织体系,在成都市委组织部、市交通运输局、市总工会等部门的支持和推动下,先后成立了网约车行业党组织和网约车行业工会联合会,并出台了行业自律公约,形成了行业

“黑名单”制度，有效助力行业规范有序发展。此外，协会以司机之家为阵地，积极引导司机参与志愿服务活动，建立党员雷锋车队，组织开展党员司机爱心送考活动，为第31届世界大学生夏季运动会（成都大运会）输送优秀司机600余名。

二是司机诉求有效解决。通过市交通运输局和市总工会建立的“部门+协会+工会”三方联席会议制度，对司机的从业情况和诉求进行精准掌握。在司机之家长期开展从业咨询服务，配合行业管理部门提供从业风险提示、从业资格证件协办、平台注册等业务服务；提供平价餐、体检、租房等生活服务；开展心理辅导、法律咨询、诉求收集、维护权益等暖心服务，逐步形成以“业务服务+生活服务+特色服务”为核心的定制化服务板块。建成以来，司机之家累积帮助5000余名从业者解决困难诉求，帮助2万余名司机取得从业资格证，为全行业提供线上线下职业周期闭环服务，直接服务于成都市10余万名从业者。除此以外，在工会等部门指导下，司机之家还为司机群体提供了学历提升、技能提升等延伸服务，打通了网约车从业人员再就业渠道。

三是关爱活动取得实效。协会联合行业工会共同在司机之家组织开展送温暖、送清凉等活动，先后为网约车司机群体发放了近200万元的慰问物资。2024年，在市区有关部门指导下，承办第一届网约车司机技能大赛，为排名第一的参赛者颁发成都市五一劳动奖章。上述举措让网约车司机感受到来自党委政府的关爱，职业认同感进一步提升，目前成都市范围内超过92%的网约车司机加入了工会组织，为行业规范健康持续发展奠定了坚实基础。

10.红色驿站搭桥梁，武侯暖新更暖行

（四川省成都市武侯区网约车司机之家）

一、基本情况

四川省成都市武侯区网约车司机之家（本案例以下简称“司机之家”）位于武侯区七里路332号的充电站内，该充电站是成都市首家全柔性分体式充电桩充电站，占地面积5.8亩（1亩≈666.67m²），拥有54个充电桩，单日能满足超3000辆次充电需求。司机之家（图10-1）由武侯区住建局牵头建设，2023年2月与充电站同步建成投入运营，采用集装箱式结构，分上下两层，建筑面积300m²。司机之家免费为区网约车协会和区汽修协会提供入驻办公区域，区汽修协会4人常态入驻，在开展协会工作的同时兼顾司机之家运营并配合开展阵地活动；区网约车协会3人非常态入驻，在规范行业自律和倡议各支部自主开展“党建+”相关活动中发挥桥梁纽带作用，以各方都降低成本的共赢模式实现可持续运营。目前，司机之家日均接待服务量40~50人次。

图10-1　司机之家外景

二、主要特点

一是充分考虑司机需求。司机之家选址主要考虑充电站功能与网约车司机充电需求高度匹配，司机流量集中，便捷性和利用率具备较好优势，司机可利用充电

时间同步享受司机之家提供的贴近司机需求的17项免费公益服务。

二是党建引领行业共享。武侯区交通运输行业党委联合区总工会、妇联、共青团、法院、人社等单位接续入驻，陆续挂牌“工会联合会”“青年之家”“妇女之家”“司机之家职工驿站”“道交纠纷巡回审理点”“停运损失调解窗口”“新就业群体工伤预防培训点”并开展活动，区网约车协会和区汽修协会也入驻该地参与运营管理。为司机提供劳动争议调解、巡回法庭、工伤预防及道路交通安全培训、法律援助、公益体检等特色服务。行业党委建立司机诉求直通微信群，召开诉求推进会、普法沙龙、调研座谈，通过二维码及邮箱信筒收集意见建议，解答司机关于法律、劳动争议、权益保障等问题。

三是政府支持成本共担。司机之家由充电站投建15个集装箱形成其主体建筑，外观主色调为“交通蓝+生态绿+党建红”，体现交通绿色出行和党建领航；内部主色调为“浅蓝+浅白+浅咖”，为司机营造宁静、平和且轻松的氛围。2024年8月，该司机之家入选四川省最美驿站名单。

三、服务功能

司机之家建有19个功能区。一楼包括9个功能区：大厅、休息阅读区、饮水饭菜加热冷藏区、积分兑换展示区、餐厅、区网约车协会和区汽车维修协会办公区、矛盾纠纷调解室、区汽车维修协会专用办公区、仓库；二楼包括6个功能区：模范司机展示区、党建功能室、休息床位室、休闲锻炼室、会议室、露台；站内地面其他区域包括4个功能区：自助充电区、公共厕所、自助洗车区、大型活动区。

(1)停车、充电服务。充电站占地面积5.8亩(1亩≈666.67m^2)，总功率达到4250kW，设有24h运营的快速充电桩54个，单日能满足超3000辆次充电需求，新能源车辆可在此快速补能(图10-2)。

图10-2 充电停车区域

(2)休息、娱乐服务(图10-3)。司机之家一楼休息室设有沙发座椅、图书角、电视、空调等设施,为司机免费提供休息、阅读、无线网络、手机充电等服务功能。二楼休息室设有单人折叠床、女士专用帐篷,免费供司机使用;娱乐室配备迷你台球桌、迷你乒乓球桌、象棋、桌面足球、健身拉力环等设施器材,为司机提供休闲娱乐空间。

图10-3　司机休息区域

(3)洗车、维修服务(图10-4)。司机之家配备了自动化洗车设备,价格优惠;并且提供免费的车辆维修工具,可供司机对车辆进行简易维修。

图10-4　自助洗车机和维修设备

(4)餐饮服务。司机之家一楼餐厅(图10-5)共设有16个座位,为司机提供15元两荤两素一汤的套餐,并配备微波炉、饮水机、冰箱,提供加热饭菜、茶水、冷柜保鲜等免费服务。

(5)党群服务。武侯区交通运输行业党委在司机之家常态化开展党建活动、普法沙龙、专项培训,将关心关爱、权益维护等资源下沉至司机群体,做到年度有清单,月月有活动。平台企业、汽车租赁企业以及党支部自主在司机之家开展“党建+安全”等活动(图10-6)。

图 10-5　餐饮服务区域

图 10-6　党建、培训及关心关爱活动

专栏10-1

车轮上的“政治生日”别样红

2024年7月1日，在中国共产党成立103周年之际，武侯区交通运输行业党委在武侯网约车司机之家举办了“忆入党初心·过‘政治生日’”主题党日活动（图10-7），来自T3出行、鞍马出行、成都高德等流动党支部党员司机代表30余人共赴“初心之约”。

重温誓词强信念

“我志愿加入中国共产党……”铿锵誓言在活动现场回响。面对鲜红党旗，党员们高举右拳重温入党誓词。一句句铿锵有力的誓言，彰显着共产党人的坚定信念，表达了对中国共产党的无限忠诚。不忘初心、牢记使命，鞍马出行流动党支部党员司机代表邓师傅表示：“我是一名退役军人，也是一名共产党员，2006年退役后加入了出租汽车行业，今后，我将牢记身份和使命，充分发挥党员先锋模范作用，为市民提供优质的出行保障，传承‘两路’精神当好新时代的‘交通人’。”

“政治生日”暖人心

行业党委为16名党员司机送上定制“政治生日”贺卡，党员司机们共同许下“安全行车千万里，红色服务零距离”的职业誓言。司机们畅谈入党心路历程，流动党支部的建立让“漂泊”党员重获组织归属感。“33年党龄始终如一的坚守，是我对党的深情告白。”成都高德流动支部党员司机李师傅分享从业3年零投诉，积极参与志愿服务的故事。T3出行流动支部党员司机、退役军人粟师傅则表示：“由于自己的组织关系在外地，自从加入网约车司机流动党支部后，有一种再次找到家的感觉，建党103周年党的生日这天，在‘司机之家’过的“政治生日”让我倍感难忘。”

座谈交流聚合力

最后的“对话书记”座谈会上，聚焦网约车司机群体党建提质增效，武侯区交通运输行业党委明确将进一步强化党员司机联系非党员司机的工作机制，构建“网约车司机—流动党员—流动党员党支部（企业党组织）—行业党委”诉求直通机制。并持续以“司机之家”为阵地引导司机积极向党组织靠拢，将新就业群体紧紧团结凝聚在党的周围。

图10-7 过“政治生日”及座谈交流活动

四、取得成效

武侯区网约车司机之家现为四川省省级和成都市市级网约车司机群体党建示范点位，多次接受中共中央组织部、交通运输部、省市区各级交通运输主管部门考察调研。依托该阵地，网约车司机逐步从分散走向集中、从无单位无组织到找到交通人共同的“归属感”。

一是建好组织“强凝聚”。陆续成立3个实体党支部并发展预备党员4名（含1名企业负责人），成立7个流动支部，逐步构建起抓龙头带全链的组织体系。区交通运输行业党委建立司机诉求直通微信群11个，收集响应困难诉求，实现矛盾纠纷不上交不外溢。

二是共享阵地“优服务”。司机之家常态化开展党建活动、普法沙龙、专项培训、诉讼调解、案件审理等55场。交通运输行业党委围绕“党建+”出题交题、平台支部领题答题“接力赛”已完成12次交接棒，平台企业、租赁企业、党支部自主在司机之家开展“党建+安全”等活动逐渐成形，平台党建主体责任逐步压实。

三是关心关爱“多举措”。在司机之家宣传推广“一键扫码入会”，吸引2300余名司机加入工会；开展“夏送清凉，冬送温暖”慰问活动9次，累积慰问关怀司机740余名；150名司机免费参加专项公益健康体检，100名司机领取10万元保额工会互助险，司机获得感和幸福感大幅提升。

四是发挥作用“助治理”。在司机之家成立T3出行橙心车队，组织参与爱心送考、助老扶困公益活动；成立T3出行党员应急车队，打造流动救助站点。

五是源头治理“小切口”。省市区交通运输部门三级联动，制定《成都市网络预约出租汽车租赁合同（合同范本）》，推广签约后取得了良好成效，司机投诉量呈现下降趋势。

六是府院联动“聚合力”。2024年11月武侯区人民法院在司机之家进行停运损失百案联调活动，综合调解率达到90%，较2023年提升10%，示范诉讼效应显著提升。其在司机之家进行的4场19件道路交通纠纷民事初审案件审理也止争议于“诉讼之中”。

武侯区交通运输行业党委依托网约车司机之家站点精心打好“建强组织、做实关爱、发挥作用、创新治理”组合拳，引导网约车行业各方主体积极参与司机之家的共建共享，助力司机之家成为做好新就业群体思想引领和凝聚服务工作的有效阵地。

11.筑城红引擎,交通强先锋

（贵州省贵阳市爽爽贵阳司机驿站）

一、基本情况

贵州省贵阳市爽爽贵阳司机驿站（本案例以下简称“司机驿站”）位于贵阳市云岩区和乌当区交界处，附近设置贵阳快速公交（BRT）杨柳井站进行交通接驳。司机驿站（图11-1）面积约5500㎡，设有党建阵地、群团阵地、调解室（人民调解委员会、公益律师、心理咨询）、司机食堂、司机学堂等，还提供交通和交管业务咨询、计价器检定、车辆充电、95128巡网一体化服务等。驿站周边还配套有加油（甲醇）站、汽车修理厂、机动车检测站（在建）等，为司机提供一站式服务。驿站由贵阳市出租汽车行业协会（党支部、工会联合会）负责日常运营管理，由市交委、市总工会负责联系指导，日均接待服务量约200人次。

图11-1 司机驿站全景

二、主要特点

司机驿站按照“党建引领、开放共享、可持续发展”建设理念，“3321+N”工作思路，积极整合多方资源，建立3个家、3个中心、2个联盟、1个学堂、N个保障，为广大出租汽车司机、城市配送货车司机、快递员等提供一站式服务。“3个家”，即通过党建整合群团资源，建立工会方面的职工之家、共青团方面的青年之家、妇联方面的妇女之家，对青年司机、女性司机、司机子女等实现精准服务覆盖。“3个中心”，即建立司机服务中心实现对司机全职业生涯的服务覆盖，建立乘客服务中心处理乘客投诉及遗落物品找寻，建立融合发展中心（95128调度中心）推动出租汽车新老业态协同发展。“2个联盟”，即建立党建联盟和产业联盟，实现跨地区（省、区、市）跨行业（出租、货运、公交、邮政快递）的党组织共建机制，实现整合出租汽车行业上下游产业、协会、商会资源等促进行业健康稳定发展。“1个学堂”，即司机学堂，司机驿站为司机提供职业技能提升、亲子课堂、女性司机课堂、心理疏导等免费培训服务。“N个保障”，即司机驿站内外配套建设各种设施，为司机群体提供暖心服务。

三、服务功能

（1）基本服务类。司机驿站一楼设置休息区、职工书屋、运动区、食堂、厕所（淋浴室、洗衣机）、母婴室、免费理发区等，为司机提供基本服务。图11-2为司机休息及娱乐区域。

图11-2　司机休息及娱乐区域

（2）业务服务类（图11-3）。司机驿站一楼设置咨询服务窗口，司机可在此咨询办理从业、交通、交管等业务；设置调解室（人民调解委员会），提供诉求调解、心理咨询、法律咨询等服务，设置司机学堂，提供学习培训、继续教育等服务。

（3）党群服务类（图11-4）。司机驿站二楼设置党员活动室和党建（产业）联盟室供开展党建活动使用；设置青年之家精准服务青年司机；设置交通发展史室（工会办公室），供司机学习了解贵阳交通发展历程，并为基层党组织、党员、司机提供党建教育培训的场所。

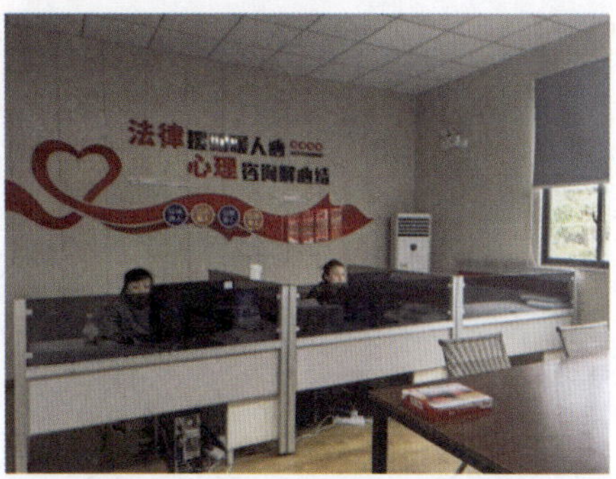

图 11-3　业务办理及法律咨询

图 11-4　文化墙及党课学习

（4）保障服务类。司机驿站外部设置充电桩、出租汽车计价器检定区，驿站周边设置加油（甲醇）站、汽车修理厂、机动车检测站等，为出租汽车、货车提供一站式服务。如图 11-5 所示为充电及餐饮服务。

图 11-5　充电及餐饮服务

（5）拓展发展类。司机驿站旁设置 95128 调度中心（图 11-6），为推动出租汽车巡网融合提供服务。

图11-6　95128调度中心

四、取得成效

贵阳市爽爽贵阳司机驿站是贵州省首个综合性出租汽车司机驿站，服务覆盖巡游出租汽车、网络预约出租汽车、小型货车等领域，为共计76家出租汽车企业、约6.5万名司机提供一站式服务。

在“建”上，推动“行业辅助建”，在主管部门的指导下，由市出租汽车行业协会、相关企业等为主体进行投资建设，探索由社会资本参与司机驿站建设的路径。

在“管”上，形成“协会+党建+群团”模式，通过建立市出租汽车行业协会、市网约车行业协会党组织和群团组织，实现以行业协会为管理主体，通过党建引领，强化对司机的管理服务，不断激发司机党员模范带动作用。

在“用”上，整合各级资源，形成了结合司机实际需求和行业发展的各个功能区，力求实现对司机全职业周期的服务覆盖和对司机本人及家庭的关心关爱。

在“维”上，推动司机驿站可持续运营，加大政府资金支持力度，获得交通、工会、妇联、共青团等部门的项目和活动经费支持。在自身“造血”功能方面，通过引入餐饮、充电站、计价器检验等收费项目展开商业运营，并出租驿站部分区域作为协会、企业办公区，获得了经济收益，确保驿站建得起、用得好、可持续。

12.“四心”之家，遵驿同行

（贵州省遵义市遵驿行司机之家）

一、基本情况

为更好地服务出租汽车司机群体，遵义市智慧城市产业发展（集团）有限公司在交通、工会、妇联、红十字会、司法、团委等部门大力支持下，投资约900万元，建成遵驿行司机之家（本案例以下简称“司机之家”）。司机之家（图12-1）占地面积4740m²，规划建设了综合服务区、充电区、换电区、洗车区、就餐区、汽车销售区六大功能区，24h全天候为司机免费提供业务咨询、休闲娱乐、就餐学习、停车如厕等服务，为司机提供了有力支撑和坚实保障。

图12-1　司机之家外景

二、主要特点

通过党建为引领，以解决司机急难愁盼问题为目标，打造司机“四心”之家。

“暖心”之家，为更好服务司机群体，遵义市智慧城市产业发展（集团）有限公司结合司机需求，对综合服务区进行升级改造，完善服务功能。全年不间断为司机提供业务咨询、法律咨询、心理调解、娱乐休闲等服务。

“爱心”之家，公司成立工会组织，注册遵易行平台，将1500余名网约车司机全部纳入工会组织管理范围，充分利用司机之家的区位优势和组织优势，为网约车司机提供社保服务、免费体检、节日福利、法律服务、困难帮扶、权益维护、教育培训等服务。

“贴心”之家，成立遵义市首个网约车企业妇联组织，将女性司机纳入妇联组织管理，对女性司机开展党的理论宣讲，召开暖心会议、女司机议事座谈、普法维权、女性健康知识讲座、女司机困难帮扶等活动，做好女性司机贴心的“娘家人”，帮助女性司机更好地发挥“半边天”作用。

“安心”之家，成立遵义市首个网约车行业矛盾纠纷调解委员会，在司机之家建设法律咨询室，提供法律咨询和矛盾调解等服务，建立畅通平台与司机、司机与乘客、平台与乘客之间的矛盾纠纷调解渠道，践行发展基层治理“枫桥经验”。

三、服务功能

(1)基本服务。司机之家设有综合服务区、充电区、换电区、洗车区、就餐区、汽车销售区六大功能区(图12-2)，配备空调、沙发床、乒乓球桌等设施设备，为司机群体免费提供热水、休息、娱乐、热饭、学习、如厕等基础服务，以及业务咨询、法律咨询、心理调解等人工服务。

图12-2　充电及娱乐设施

(2)政务服务。在交通管理部门的指导帮助下，司机之家设立交通运输政务服务点(图12-3)，打造便捷服务窗口，提供道路运输一网通办服务，设置出租汽车从业资格考试报名点，并提供考前辅导服务。

(3)爱心服务。司机之家关爱网约车司机身心健康，积极争取医疗资源，免费为网约车司机提供体检及健康监测服务，将实实在在的关爱送到网约车新就业形态劳动者身边。帮扶困难司机，走访慰问摸清困难司机家庭底数，积极争取市、区工会帮助并自筹资金，目前已累计向200余名困难司机发放慰问金11余万元。开展健康互助，开发网约车司机互助保险，并加大相关宣传力度，提升网约车司机医疗保障能力。

图12-3 咨询及调解服务

四、取得成效

一是服务保障提档升级，打造暖心服务新标杆。自2022年12月正式投入运营以来，遵驿行司机之家按照“强组织、聚资源、优服务”的工作思路，系统破解司机“充电难、停车难、就餐难、如厕难、休息难”五大痛点问题。通过科学布设充电桩群、标准化休息区、便民餐饮点等设施，创新构建“充电+休憩+政务+关爱”四位一体综合服务体系，实现司机“冷可取暖、热可纳凉、渴能饮水、累可歇脚”的全天候服务保障。累计接待服务量突破30万人次，司机群体的获得感、幸福感显著提升。

二是政务服务创新突破，构建便民办事快车道。创新“司机驿站+政务服务”融合模式，设立交通运输行业一站式政务服务站。通过数据互联、流程再造，将从业资格证办理等高频事项办理工作下沉至服务站点，累计为621名司机提供办证服务，极大地提升了行业服务的便捷性，减少了司机业务办理时间。

三是降本增效成果显著，激活行业发展新动能。目前，司机之家充电系统的注册司机已达9500余名，服务充电车辆超13万辆次，总充电量达329.32万kW·h，单月最高充电量为30.46万kW·h，为出租汽车司机减免充电费用约40万元，有效提升了行业运营效益。

四是关爱体系精准实施，绘就行业温暖同心圆。建立“日常关怀+专项帮扶+典型激励”三级关爱机制，目前已累计向200余名困难司机发放慰问金11余万元，为200余名网约车司机购买互助保险，为300余名网约车司机开展免费健康体检，行业凝聚力显著增强，相关做法及经验多次获得媒体宣传报道。

PART 02

第2篇 场站换新增效

13.建好重点站区的士之家,为旅客顺畅抵离蓄能助力

（北京市重点站区清河站地区的士之家）

一、基本情况

如图13-1所示,北京市重点站区清河站地区的士之家(本案例以下简称"的士之家")位于北京市清河高铁站西南侧,建筑面积135m²,于2023年4月建成投入使用,免费面向北京市出租汽车司机开放。其地理位置优越,位于出租汽车调度站入口处,是进出场站和整备车辆的必经之地,为司机提供了一个方便休息的场所。在满足司机基本服务需求的同时,的士之家不断创新服务模式,丰富服务内容,扩大服务范围,配备了专门的"管家"服务人员,他们充当服务员、引导员和安全员的角色,日均司机服务量超过1000人次,为司机提供了全方位的贴心服务。

图13-1　利用桥下空间建设的的士之家

二、主要特点

一是坚守初心建。着眼"小切口"发挥"大作用",发挥党建引领作用,通过改善司机从业环境、吸引更多出租汽车到站营运,持续提升旅客出行体验。

二是系统规划建。着眼在重点站区范围内可操作、可复制、可持续,统一品牌形象和商标标识,制定服务管理规范,建立完善的建用管一体化标准体系。

三是因地制宜建。巧妙利用高速公路桥下空间、发挥紧邻蓄车区优势,从满足

基本需求做起,以"多功能"为导向,逐步推进设施升级和功能完善。

四是聚合资源建。积极协调市级行业主管部门、工会、属地政府以及相关企业,获取多方支持,整合资源,形成共建合力,探索持续发展的新路径。

五是开放共享建。客观全面地评估管理服务保障效益,线上线下同步收集意见,倾听司机群体的声音,构建共建共治共享的新局面。

三、服务功能

秉承"服务标准化""窗口品牌化"理念,的士之家构建"3+8+N"服务体系,即3个免费服务功能区域,包括卫生间、开水间、休闲室;8项基本功能,包括如厕、休憩、饮水、就餐、阅读、急救、修补、手机充电;同时根据需求不断创新和调整服务项目。

(1)面对面征询,蓄能运力保障"加油站"。的士之家通过线上线下相结合的方式,展开问卷调查、意见收集和谈心谈话,深入掌握司机实际需求,快速响应其疑问。将自助售货柜扩容至2000L,增设热食售卖机,并根据司机反馈,优化商品结构,增加泡面、香肠、卤蛋、面包等商品。季节性推出冷饮和热食,并与商家合作提供特价商品。同时,加强价格监管,确保商品实惠,为司机提供切实的便民购物服务。图13-2为意见征询栏和自助售货柜。

图13-2 意见征询栏和自助售货柜

(2)点对点研究,拓展凝聚人心"信息港"。的士之家发掘属地"红领党建"资源优势,开展走访学习,探索党建赋能,设置"一平米学习角"和综合服务栏,提供全方位信息展示。通过微信群及时分享气象信息、客流动态、安全行车等资讯,设置照片墙记录服务瞬间,构架起站区与司机交流互动的"连心桥"。

(3)心贴心服务,打造身心放松“疗愈所”。的士之家设置阅读角,甄选丰富图书,定时投放最新报刊;根据司机职业特点提供优惠按摩服务;设置免费体检区;定期开展义诊、理发等活动;组织开展法治、反诈防骗、交通安全等宣传;联合多方开展季节性关怀活动,为司机送温暖,彰显了人文关怀。图13-3为的士之家阅读角及暑期提供免费绿豆汤关怀活动。

图13-3 阅读角及暑期提供免费绿豆汤关怀活动

(4)实打实助力,丰富为民解忧“百宝箱”。的士之家优化了便民资源,配备汽车应急启动电源、车辆维修工具等,提供全时段“管家式”服务,确保车辆能够及时得到维修;配备急救医药箱,强化与“999”急救车组联动,为司机提供紧急救护服务;升级开水间设施,确保热水24h不间断供应,同时优化如厕服务体验,以上措施有效提升了司机“家”的归属感。图13-4为的士之家配备的医药箱和血压计等服务设施。

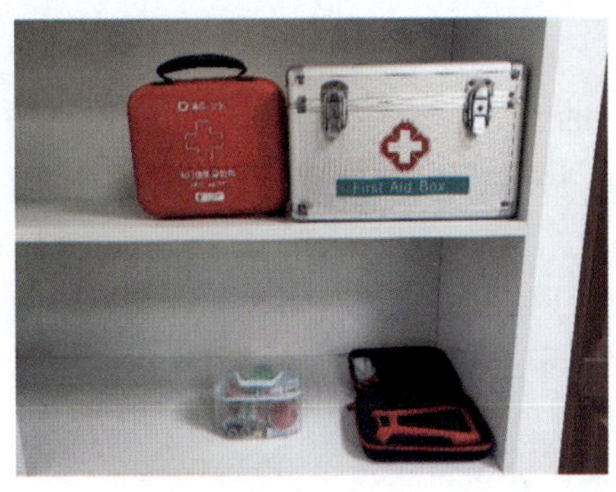

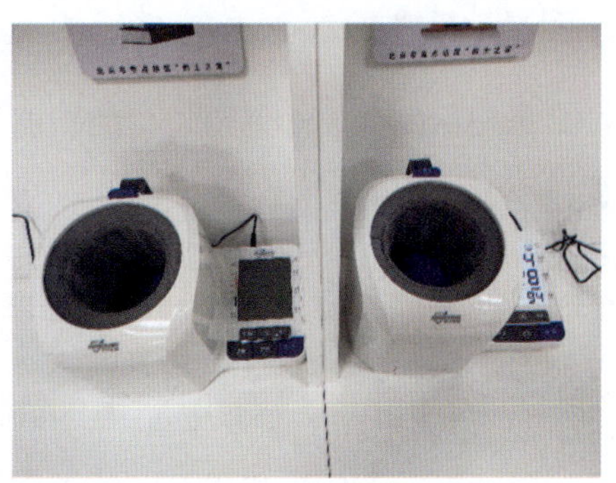

图13-4 的士之家配备的医药箱和血压计等服务设施

专栏13-1

我缺车时你保障，你闲暇时我送暖

北京市重点站区清河站地区的士之家与银建出租汽车共产党员车队（以下简称"党员车队"）结成伙伴。党员车队在节假日出租汽车运力短缺期间主动到站参与保障工作，坚守至护送最后一名旅客安全到家；在运力充足的闲暇时段，的士之家经常开展慰问送温暖活动（图13-5），向司机发放慰问礼包，邀请他们到"家"里参加暖心服务活动，让他们感受到"家"的温暖。司机师傅们纷纷表示，步入的士之家，能够感受到温馨而雅致的氛围，热气腾腾的茶水驱散了冬日的寒意，温暖了他们的心；按摩师以专业的技能和热情的态度为他们提供了舒适的服务，身体的疲惫一扫而空，充分体验了来自站区的关怀与尊重，真是暖到心坎里了！

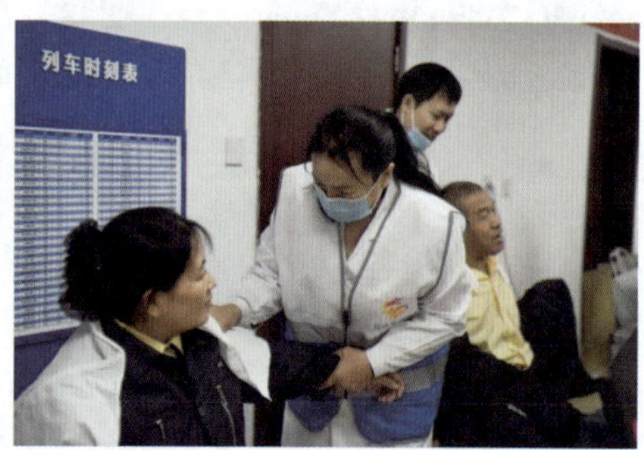

图13-5　的士之家慰问送温暖活动

四、取得成效

聚焦站区发展新布局与司机的新期待，的士之家积极整合相关资源，推进系统全面升级，不断迭代优化服务。在铁路列车不断增开和旅客流量不断增加的背景下，取得以下显著成效。

一是车辆储备更加充足。的士之家建成以来，出租汽车司机前往站区的意愿明显提升，旅客等待时间大幅减少，基本实现了"车等人"的良性循环，有效激活了接驳资源，显著提高了调度效率。

二是司机满意度大幅提升。的士之家着眼解决出租汽车司机工作中的急难愁盼问题，司机归属感、获得感和幸福感明显提升。据调查，站区的司机服务保障综合满意率高于90%。

三是站区融合度加深。的士之家的服务对象不仅面向保障站区出租汽车运力的司机，还涵盖服务周边区域交通的司机，这为构建“多元友好站区”注入了新的活力，展现了站区良好的开放形象。

四是站区形象全面提升。经过升级改造，站区接驳调度环境焕然一新，司机以更加积极饱满的精神状态服务旅客，提高了市民和旅客的出行服务满意度，有助于塑造旅客进京美好的第一印象。

14. 资源共享促发展，功能丰富司机暖

（河北省中交雄安出租车司机驿站）

一、基本情况

河北省中交雄安出租车司机驿站（本案例以下简称“司机驿站”）位于河北雄安新区1号城市交换中心（CEC）停车场内，占地面积510m²，于2023年建设完工并投入使用。司机驿站（图14-1）周边交通便利，紧邻主干道津海大街和金湖街，服务半径（3km）范围内覆盖雄安新区商务服务中心、市民服务中心、容城县人民政府、津雄高速入口等重要交通节点。中交雄安城市建设发展有限公司负责司机驿站的建设与运营，目前司机驿站拥有专（兼）职工作人员8名，负责咨询接待、设备维护、活动策划、安全保障、卫生清洁等日常服务工作，日均司机接待量超过100人次。

图14-1 司机驿站及停车区域

二、主要特点

一是服务大局，助力新区发展。雄安新区快速发展，出租汽车司机群体随之壮大，为新区注入活力的同时，也凸显出配套服务设施不足的问题。司机驿站应时而生，其以完善的设施和高效的服务，为新区司机提供了坚实保障，有助于促进营造互助和谐的社会氛围。

二是资源整合，满足实际需求。司机驿站依据雄安新区交通行业规划，整合场

地、基础设施、停车泊位和充电设备等CEC项目资源，有效解决了出租汽车司机的停车、休息、充电、如厕等实际问题。

三是功能齐全，打造舒适环境。经过精心打造，司机驿站目前具备停车、充电、维保、餐饮、购物、党建“六位一体”的功能。站内布局合理、功能多样、温馨实用，体现了人文关怀，为司机提供了一个功能完备的休息场所。

四是展望未来，践行绿色出行。司机驿站秉承绿色出行理念，助力实现“90/80”交通出行目标。司机在等待充电时，可便捷换乘“小弹行”需求响应式公交、定线接驳车或共享单车，既享受便利出行，又实践了绿色出行的理念。

三、服务功能

(1)基本服务。司机驿站休息区集餐饮、购物、休闲等多功能于一体，为司机提供舒适体验。餐饮区(图14-2)提供丰富多样的美食饮品，便利超市满足即时购物需求(图14-3)，休闲阅读区、洗漱房等设施营造出家的温馨，全面提升了司机的获得感、幸福感和安全感。

图14-2　餐饮服务

图14-3　便利店和休闲阅读区域

(2)充电维修(图14-4)。司机驿站周围设置停车泊位1400个,配备智能充电桩39个,能够满足不同车型的充电需求,内部安装便捷的智能充电系统,用户通过手机扫码即可实现"一键即充"。司机驿站还引入汽车维保服务站,设有多个专业维修工位和设备,提供车辆保养、故障维修、洗车美容等一站式服务;同时推出停车、充电、维保等优惠套餐,让司机享受实惠与高品质服务。

图14-4　车辆充电和维修服务

(3)党建服务(图14-5)。司机驿站配备多媒体设备,循环播放宣传片,展示雄安新区建设成果和党建要求,将服务与党建政治功能有效结合。联合新区建交局、容城县委宣传部等单位共建党员活动室和职工之家,并举办活动十余次。目前,司机驿站已与周边40多家单位建立联系,共同推进区域化党建,搭建沟通桥梁,促进协同发展。

图14-5　党建服务

(4)安全教育(图14-6)。司机驿站联合交管部门,定期举办交通安全和心理健康讲座,通过多媒体教学提升司机安全意识,以期降低交通事故发生概率。

图14-6　安全培训教育

四、取得成效

一是经济效益有效提升。司机驿站投入运营以来，其始终坚持“求生存、保微利、重服务、作贡献”的原则，有效推动了CEC场站内停车充电、汽车维保、餐饮购物等业务发展，创造了就业机会，并为相关人员提供了技能提升的平台，为雄安新区的发展贡献了积极力量。

二是群体服务凝聚合力。司机驿站切实解决了司机停车、休息、充电、如厕等实际需求，降低其营运成本，提升职业便利性。通过举办主题交流活动促进司机间互助互动，推动行业群体融入雄安新区建设，营造和谐氛围，增强行业凝聚力。

三是社会服务价值凸显。司机驿站深度参与雄安新区大型公共活动保障，在马拉松赛事和安置房摇号等活动中，发挥停车枢纽、临时指挥部以及急救站功能，通过配备专业医疗设备与建立快速响应机制，确保活动安全有序开展，凸显了其在城市公共服务中的关键支撑作用。

15.服务大众手牵手,工会驿站心连心

（山西省大同市纬一路充电站工会驿站）

一、基本情况

山西省大同市纬一路充电站工会驿站(本案例以下简称“驿站”),坐落于大同市平城区御河西路核心区域,毗邻大同火车站和大同古城,场地宽敞且交通便利,地理位置优越,日常车流量大。驿站(图15-1)占地面积850m²,拥有停车泊位63个,充电桩34个,24h全天候运营。驿站依托充电站建设,运营企业星星充电积极践行社会责任,以“志愿、服务、奉献”为宗旨,自筹资金十余万元,在驿站内规划建设了办公室、值班室、棋牌室、台球室、影音室、休息室等功能区域,可同时服务200余人,能够有效解决出租汽车司机在工作中面临的吃饭难、喝水难、休息难、如厕难等实际问题。

图15-1　驿站外景

二、主要特点

一是选址科学合理。驿站依托大同市纬一路充电站建设,选址时充分考虑了“科学、合理、便利、共享”四个要素,按照“15分钟服务圈”理念进行布局,不仅能够

满足出租汽车司机的多样化需求，还可为外来游客提供及时有效的帮助。

二是管理细致入微。为了确保驿站长效运营，运营单位制订了驿站管理办法，明确了服务项目、服务公约及工作台账，并实行24h值班制度。同时推进信息化建设，搭建集充电、购物、洗车等功能于一体的智能服务平台，配备充电桩温度智能监控与故障诊断系统，全面提升驿站现代化管理水平。

三是服务问需于民。驿站从司机实际需求出发，系统推进硬件设施改造、环境品质提升、服务体系完善“三位一体”的优化升级。驿站地理位置已接入高德地图、百度地图等主流导航软件，方便司机精准定位。同时建立服务反馈机制，通过意见簿收集建议，及时提升服务品质，持续满足司机多样化需求。

三、服务功能

(1)基础服务。驿站配备休闲娱乐、简餐服务、便民服务三大功能区域。设置沙发、水吧、棋牌桌、台球桌及影音设备，为司机提供休息、观影、娱乐等服务(图15-2)；配置微波炉、热水机以及自动售货机，便于司机临时用餐；配备卫生间、Wi-Fi、充电接口、应急药箱、血压仪等，为司机提供生活便利。

图15-2　驿站休息室

(2)充电维修(图15-3)。驿站建有120kW充电桩19个，7kW充电桩15个，为新能源车辆提供充电服务。配备车辆通用维修工具箱，便于司机快速处置车辆故障。同时，驿站还配备自助洗车设备，满足司机洗车需求。

(3)党群服务。驿站常态化开展“党建带工建”系列活动。一方面组织开展新年送福、防电信诈骗、免费体检及“夏季送清凉、冬季送温暖”等暖心慰问活动(图15-4)；另一方面通过“看得见”的日常服务与“看不见”的思想引领有机结合，将“听党话、跟党走”的坚定信念浸润广大群众心间，使新就业形态劳动者充分感受关爱与温暖。

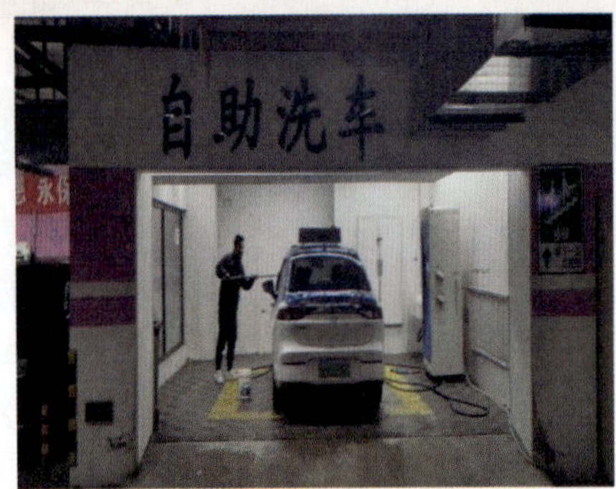

图15-3 充电桩及洗车服务

图15-4 各类慰问活动

(4)宣传培训。驿站始终坚持服务群众、服务经济、服务安全的初心,每月定期开展安全生产、职业病防治、工伤预防等宣传教育培训活动(图15-5),目前参加活动的网约车司机、巡游车司机、快递员累计已有600余人次。

图15-5 安全培训教育

四、取得成效

一是带动提升原有产业发展。大同市纬一路充电站工会驿站自建成投入运营以来,同步带动提升了充电站的服务效能,充电站日均充电量增加2000kW·h,同比增长66%,累计接待服务量超5000人次。

二是显著提升劳动者福祉。诸多从业者表示,驿站显著改善了他们的工作环境和生活质量,大家不再为寻找休息场所而感到困扰,减轻了工作压力。驿站的建设有效提升了劳动者的职业尊严感和幸福感,传递了社会对劳动者的尊重和关怀。

三是有效扩大行业影响力。通过"口口相传",驿站周边的环卫工人、民警、出租汽车司机、快递员等各类工作人员经常来此临时休憩,获得了大家的一致好评。工会等相关部门经常组织人员前往驿站参观学习,并在社会价值和实际成效方面给予驿站高度评价。

16.红色阵地，暖心驿站

（内蒙古自治区巴彦淖尔市震通出租汽车公司党支部“红色驿站”）

一、基本情况

内蒙古自治区巴彦淖尔市震通出租汽车有限公司党支部“红色驿站”（本案例以下简称“驿站”）位于巴彦淖尔市临河区新华西街震通公司办公楼一楼。驿站院内占地面积超2800m²，可同时容纳停放车辆150辆。在巴彦淖尔市交通运输行业党委的指导下，驿站于2023年11月正式建成并投入使用。

二、主要特点

驿站遵循“一个阵地、多项功能、集约服务”的理念，配备了充电宝、饮水机、医疗急救箱等生活设施以及书籍、报刊、象棋、扑克等文娱设施。为更好服务司机需求，在运营过程中增设了中央空调和阅读桌椅，并对座椅进行了软包处理。目前，驿站为出租汽车司机提供免费停车、饮水、休息、手机充电、如厕和学习等多项服务。图16-1为驿站停车场和休息区。震通出租汽车有限公司的业务部和技术服务部也位于办公楼一楼，便于司机办理职业资格证注册注销、继续教育、诚信考核及业务咨询等事宜。

图16-1　驿站停车场地和休息区

三、服务功能

(1)基础服务功能。驿站场地宽敞,方便司机临时停车;内部设有休息区,配备舒适的座椅、饮水机以及各类书籍、报刊,供司机使用;设置男女独立卫生间,洗手台供应热水;配备充电设备,司机可对手机等电子设备充电补能;外部设有超市,售卖零食、饮料等日常生活用品。

(2)党务服务功能。驿站建设了党建阵地长廊和企业文化墙(图 16-2)。多次开展主题党日活动、阅读交流会、节日庆祝活动、志愿服务活动以及支部共建活动等,让司机群体实实在在感受到党组织的关心和关爱,同时也促进了党员司机间的交流,增强了团队集体意识和归属感,使党支部更好地发挥凝心聚力作用。

图 16-2　党建阵地

(3)健康与安全服务功能(图 16-3)。驿站配备急救设备和常用药品,以应对司机突发疾病或遭受意外伤害的应急状况。定期对广大从业司机进行急救知识和急救设备使用培训,提高其紧急救援能力。每月召开司机安全例会,开展安全驾驶知识宣传和培训,提高司机的安全意识。

图 16-3　常备急救箱及召开司机安全例会

(4)信息与咨询服务功能(图16-4)。驿站为司机免费提供交通法规、行业政策等咨询服务，帮助司机了解相关政策动态。发布司机招聘信息，面向社会提供就业机会和职业发展平台。同时设立“检察护企一站式服务联系点”，定期邀请检察官前来开展法治宣讲和培训活动，帮助从业者增强法治意识，同时提供法律咨询服务，解答从业者生产生活中遇到的法律问题。

图16-4　信息与咨询服务

四、取得成效

一是从业人员权益保障水平进一步提升。驿站的设立有效保障了交通运输新业态从业人员的权益，改善了其工作条件与工作环境，显著提升了出租车司机的获得感、归属感和幸福感，获得了司机的广泛认可。

二是团队凝聚力不断增强。通过举办“三八”妇女节活动、阅读交流会、观看爱国主义电影等形式丰富的团建活动，驿站为促进从业者间的沟通交流搭建了良好平台，增强了团队集体意识和凝聚力，提高了从业人员的工作效率和服务质量。

三是党建与品牌影响力显著提升。驿站多次与外部单位联合开展党建阵地和企业文化观摩交流活动，充分发挥党支部凝心聚力作用，营造铸党魂、强党性、促发展的良好氛围，通过宣传引导和交流学习，不断提升驿站社会影响力，为企业的文化建设和品牌形象塑造提供了有力支持。

17. 打造温馨港湾，助力文明出行

（辽宁省沈阳市深港鹏城的士之家）

一、基本情况

辽宁省沈阳市深港鹏城的士之家（本案例以下简称“的士之家”）位于沈阳市于洪区大通湖街198号，阳光路与大通湖街交叉路口处，地理位置优越，交通便利。的士之家（图17-1）由沈阳深港鹏城汽车发展有限公司（以下简称“公司”）投资建设，并于2021年投入运营。的士之家服务团队由公司员工兼职组成，为司机提供饮水、休息、阅览、娱乐、健身等服务。

图17-1 的士之家外景及服务大厅

二、主要特点

的士之家由公司负一层及一层办公区域改造而成，规划建设了休息、饮水、活动、阅览和党建等多个功能区，重点服务于出租汽车司机。其特色在于设立了“流动党员服务站”，并推出了“360°服务体系”，这一体系构建了“支部—职工—司机”三级服务平台，致力于为流动党员提供全方位的服务，包括党建服务、组织生活、学习教育、志愿服务、咨询服务和办事指南，确保能够与司机群体中的流动党员实现“零距离”的沟通与互助。

三、服务功能

(1)基本服务功能。的士之家休息室设有沙发座椅、茶水柜、饮水机、咖啡机等设备,可满足司机饮水、短时休息等需求。同时拥有停车泊位24个,设有男女独立卫生间,有效解决了司机停车难、休息难、如厕难等问题。图17-2为休息室及停车场。

图17-2　休息室及停车场

(2)休闲娱乐功能。的士之家配备了种类丰富的文体活动设施,设有电视机、台球桌、棋牌桌、健身器材等(图17-3),满足了司机在休闲时间进行文体活动的需求,丰富了司机的业余生活。

图17-3　健身娱乐器材

(3)党群服务功能。的士之家精心设置了党建宣传栏,展示宣传党的理论思想和最新政策,同时提供近300册书籍供司机免费阅览,增强了司机的政治教育和党性教育。此外,驿站特别关注流动党员的服务工作,为他们提供了细致周到的、全方位的党务服务,为流动党员创造了一个温馨的"党员之家",图17-4为的士之家党群活动室。

图 17-4　党群活动室

专栏 17-1

的士之家为流动党员司机提供党建服务

沈阳市深港鹏城的士之家在提供热水、休息、如厕、娱乐等服务功能的基础上，结合基层党组织建设要求和司机群体实际需求，不断丰富服务内容，设置了党建阅读角、流动党员服务站等，向司机师傅宣传党建知识和最新政策信息，为司机中的流动党员提供党建服务。

尚振海是一名从业十多年的老“的哥”，他是一名共产党员，也是深港鹏城的士之家的常客，经常在这里学习理论知识、放松身体、积极参与支部的组织生活活动。尚师傅表示，由于工作性质特殊，每天需要东奔西走，没有时间学习，知识不足，感觉自己这个党员当得有点儿“虚”。的士之家建成后，在这里既可以学习知识、收看新闻，还可以参与组织生活，自己对党组织的归属感更强了，作为党员的自信心也更强了！

四、取得成效

深港鹏城的士之家立足基层、服务基层，旨在为广大司机办实事，办好事，针对司机的急难愁盼问题提供无偿综合服务，提升司机的获得感、幸福感、责任感；同时，通过党建宣传、阅读学习、文体活动等，营造积极向上、充满正能量的氛围，引导并激励司机成为社会文明进步的实践者、文明窗口的服务员和城市文明的宣传员，提升司机综合素质、服务水平和文明程度，传播正能量、引领新风尚，从而促进营商环境改善，为满足人民群众美好出行提供高质量的出租汽车服务保障。

18. 潜山枢纽焕新章，驿站暖心护远航

（安徽省安庆市潜山客运中心出租汽车司机小站）

一、基本情况

安徽省安庆市潜山客运中心出租汽车司机小站（本案例以下简称“司机小站”）位于潜山市旅游度假区，占地面积42m²。司机小站虽面积紧凑，却设计精巧，功能完备。营业时间为每日8时至18时，配有专职的运营管理人员，截至2024年12月，累计接待服务量达7908人次。司机小站不仅为出租汽车及城乡公交司机提供了一个舒适的休憩空间（图18-1），还有效帮助其缓解高强度工作带来的身心压力，成为名副其实的“心灵港湾”。

图18-1　休憩空间

二、主要特点

潜山客运中心位于潜山市旅游度假区，地处皖山路与天柱路交叉口西侧。自2023年5月正式投入运营以来，其凭借优越的地理位置和便利的交通条件，已经成为区域交通枢纽。该中心以城区为核心节点，构建起辐射乡村的道路客运网络体系，成功实现城乡公交、长途客运、铁路运输与出租汽车的无缝衔接换乘，形成立体

化综合交通布局。为切实改善出租汽车司机从业环境，在市总工会与市交通局联合指导下，客运中心深度调研出租汽车及城乡公交司机群体实际需求，于2023年10月打造了客运中心出租汽车司机小站，依托客运中心交通枢纽优势，为司机提供休憩补给、业务办理等多元化服务，以人性化设施和暖心关怀切实提升从业群体的职业归属感。

三、服务功能

司机小站从司机实际需求出发，开发了涵盖休憩、餐饮、娱乐、车辆关怀和政务服务等多方面服务。通过打造一站式服务平台，提升了司机工作满意度和生活品质，提高了客运中心出租汽车运营的服务质量和效率。

(1)休憩放松。司机小站休憩空间配备符合人体工程学的沙发，可有效缓解司机因长期驾驶工作造成的肌肉紧张，帮助其快速恢复精力。

(2)便捷餐饮。司机小站建设了餐饮服务区(图18-2)，配备冰箱与微波炉等设备，方便司机保存、加热食品，满足司机不同时段用餐需求。同时设有茶水柜，提供多种饮品和热水，司机可随时冲泡热饮。

图18-2　餐饮服务区域

(3)娱乐休闲。司机小站配备电视机，可播放多种节目，帮助司机放松身心、拓宽视野、及时了解各类资讯；设置阅读角，提供文学名著、汽车保养、历史文化、心理健康等多种类书籍，司机可在休息时阅览书籍，提升文化素养，舒缓工作压力。图18-3a)为阅读设施。

(4)多元服务。司机小站设有储物柜，为司机提供安全便捷的私人物品存放空间;配备自动体外除颤仪(AED)等急救设施供应急使用,并定期对司机进行急救培训,保障人员生命健康。图18-3b)为储物与急救设施。

a)阅读设施

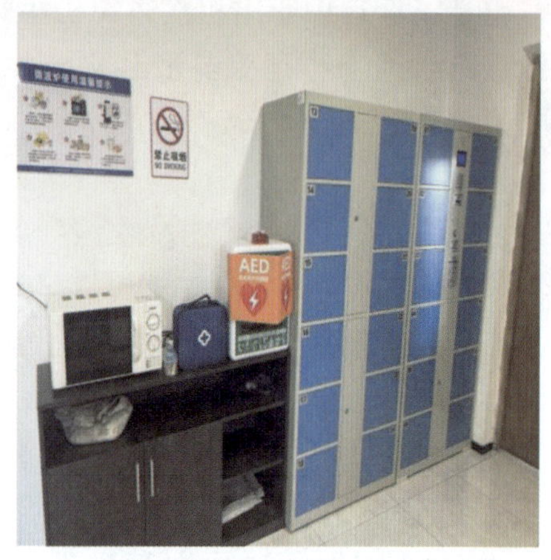

b)储物与急救设施

图18-3 阅读、储物与急救设施

(5)车辆关怀(图18-4)。司机小站配备新能源车辆充电桩,能够满足车辆的充电补能需求,充电快、效率高。小站还提供车辆常见故障的快速诊断和维修服务,有效降低了维修成本和时间。

图18-4 车辆维修及充电区域

(6)政务服务。司机小站设置24h政务服务自助站(图18-5),为司机提供发票开具、税务缴纳、政策咨询等便捷政务服务。

图18-5　24h政务服务自助站

四、取得成效

一是切实提升司机群体获得感。司机小站自建成以来，通过配备休憩设施、提供应急保障及信息互通服务，有效解决了司机的日常实际困难。小站以人性化设计和暖心关怀举措，让司机感受到社会的尊重与关爱，被赞誉为“心灵的栖息地”和“精神的加油站”，显著增强了从业人员的职业归属感。

二是践行社会责任担当。司机小站在提供基础服务的同时，主动延伸公益职能，开展交通安全教育宣传活动普及安全知识，关注司机身心健康问题，组织正能量传递活动。这些举措既强化了企业社会责任，也为促进社会和谐注入积极力量。

三是探索枢纽转型实践路径。司机小站作为潜山客运中心的功能延伸，为传统客运枢纽转型升级提供了创新实践范例。通过整合服务资源、聚焦从业人员需求，小站将单一的交通节点升级为“服务+关怀”综合载体，验证了以人性化服务驱动枢纽效能提升的可行性。其“交通功能与人文关怀深度融合”的实践经验，为同类客运场站探索转型路径、构建“交通+”多元服务生态提供了重要参考，助推实现传统枢纽向现代化综合服务体迭代升级。

19. 建好司机“小驿站”，“徽聚”行业大幸福

（安徽省黄山市出租汽车综合服务区工会驿站）

一、基本情况

安徽省黄山市出租汽车综合服务区工会驿站（本案例以下简称“驿站”）位于黄山长运客运总站，地处市中心核心地段。驿站（图19-1）于2023年11月正式投入使用，占地面积600m²，其中停车场占地面积450m²，设有停车泊位50个，方便营运车辆有序停靠。驿站附近配套设有加油站、汽车维修厂以及多家餐饮店，设置新能源汽车充电桩12个，满足不同车型充电补能需求。驿站配备6名工作人员，主要负责洗车、车胎维修和后勤保障工作。2024年8月，该站点聚合工会服务阵地，按照“徽聚驿站”四星级标准提升服务设施，由黄山市屯溪区总工会挂牌户外劳动者服务站点工会驿站，为广大出租汽车司机提供便捷服务。

图19-1　驿站外景及停车区域

二、主要特点

一是政策支持，引入市场主体。2023年5月，黄山市交通运输管理部门在出租汽车行业开展“打造最干净出租车、争做最文明驾驶员”创建活动，重点工作包括规划建设市内首个出租汽车综合服务区。在市场主体选择方面，依托黄山领路电子科技有限公司免费为出租汽车提供车辆清洗服务的优势，引导该公司规划建成司

机驿站。

二是依"站"建设，资源共享。选址建设驿站时，结合市汽车客运总站优越的城区地理位置及产业转型升级需求，黄山领路电子科技有限公司与黄山长运有限公司达成合作共识，充分利用市汽车客运站闲置空地，按照《出租汽车综合服务区规范》(GB/T 39597—2020)二级服务区标准，建成具备供司机休息、学习、饮水、就餐、洗车、充电等功能的"的士之家"。驿站的新能源充电桩由黄山市城际公交公司建设，公交车充电集中在夜间，白天充电设备大都处于闲置状态，驿站投入使用后，出租汽车和公交车能够共用充电桩，有效提高了资源利用率。

三、服务功能

(1)全面升级司机驿站供给服务。驿站基于出租汽车司机的实际需求，对硬件设施、环境品质和服务功能进行了全面升级。在地图导航软件中上线驿站位置，方便司机查得到、找得到。驿站内部添置桌椅、微波炉、饮水机、空调、应急药箱、充电插座等设施设备，为司机提供停车、就餐、如厕、饮水、休息、充电等基本服务。为了更好地满足司机需求，驿站还配置了自助洗车机及简易轮胎维修设备，免费提供车辆清洗及补胎服务(图 19-2)。图 19-3 为车辆加油充电区域。

图 19-2　车辆维修及清洗区域

(2)党群服务阵地与综合服务区建设相融合。2024 年 7 月以来，黄山市交通运输行业党委组建市中心城区"迎客松·我是一面旗"党建服务品牌巡游出租汽车车队，在驿站二层设立迎客松服务品牌车队活动室(图 19-4)。通过"亮旗帜、亮身份、亮标识"，发挥出租汽车党员先锋模范作用，以点带面提升出租汽车服务品质。

图 19-3　车辆加油充电区域

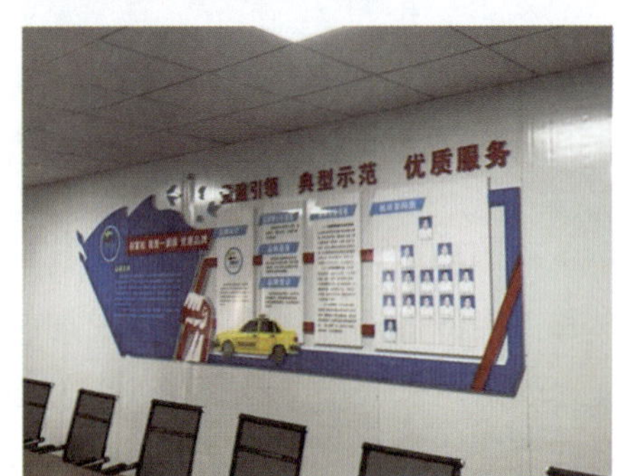

图 19-4　迎客松车队活动室

四、取得成效

一是司机群体幸福感显著提升。司机驿站自建成投入使用以来，已累计免费为出租汽车提供补胎服务约3600辆次、提供免费洗车服务约90000辆次，日均接待服务司机约260人次，提供的多元化服务契合出租汽车营运节奏，有效提升了司机与驿站的黏合度，降低了司机运营成本。依托驿站，交通、工会、社会工作部等部门联合开展送政策、送温暖等活动，通过多方联动，为司机提供累了能歇脚、渴了能喝水、饭凉能加热、手机能充电、安全有保障的温馨港湾，提升了司机群体的获得感和幸福感。

二是政企共建实现可持续运营。立足于黄山市出租汽车行业服务设施发展情况，市交通运输部门坚持"为出租汽车司机办实事、解难题"的工作思路，通过"行业补助+市场运营"的模式，将司机驿站纳入工会驿站补助项目，共同推进项目建成落地。同时，指导运营企业从当前司机群体急需的建设项目入手，以"方便司机、提升服务品质"为核心，在保障企业发展的基础上尽力而为、量力而行，稳步有序推进服务升级，形成了便民且经济的可持续运营经验。

三是党建引领驿站高质量发展。黄山市交通运输行业党委通过创新探索“司机驿站+思想引领”工作运维模式，推进党建服务品牌活动室建成落地，通过党员活动、党员车队等形式，引导广大出租汽车司机向优秀党员司机学习，将司机驿站打造成为面向出租汽车司机群体的综合性服务站点，有效强化了基层党组织的政治引领作用、群众凝聚作用和综合服务效能，切实提升了出租汽车行业的服务水平。

20. 筑暖巢助出行，树标杆亮文明

（江西省景德镇市瓷都司机之家）

一、基本情况

江西省景德镇市瓷都司机之家（本案例以下简称“司机之家”）位于景德镇市迎宾大道陶金岭，其与杭瑞高速公路景德镇西收费站直线距离约为3.6km，与城市中心区距离约为2.8km，占地面积约3500m^2。司机之家（图20-1）由景德镇公共交通有限公司负责投资建设与运营管理，自2023年10月正式投入运营以来，已累计接待服务出租汽车司机3.5万人次。

图20-1　瓷都司机之家外景

二、主要特点

司机之家依托景德镇市南新区陶金岭公交停车场建造，配备12组充电桩，可同时供24台车辆充电使用。自投入运营以来，已累计为出租汽车提供充电服务超过15000辆次，有效促进了新能源出租汽车在景德镇市的推广应用。为进一步服务出租汽车司机，司机之家推出了免费洗车和免费清洗出租汽车座套服务。配置自动洗车机1套、200kg规格的座套全自动清洗机1台以及烘干机1台(图20-2)。该项服务显著改善了出租汽车的车容车貌,为乘客提供了更加舒适整洁的乘车环境。

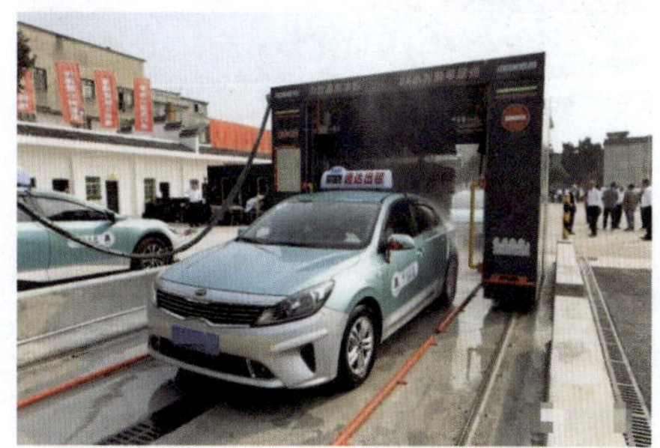

图20-2　自动洗车及座套清洗设备

三、服务功能

(1)打造舒适休憩环境,关怀司机身心需求。司机之家设置了多个功能区域,以满足出租汽车司机的多样化需求。就餐室(图20-3)配备了电冰箱、微波炉、消毒柜、餐桌座椅等设施设备,方便司机加热自带餐食。休息室配备了电视机、书报杂志等,为司机提供了休闲娱乐和学习交流的空间。洗浴室内安装了全自动热水器、水池等设施。此外,司机之家安排专人负责卫生保洁工作,确保内外环境整洁舒适。

图20-3　餐饮区域及服务设施

(2)开展务实技能培训,强化行业人才培养。景德镇市交通运输综合行政执法支队在司机之家设立执法服务点,为出租汽车企业及从业人员提供相关法律法规政策咨询服务。行业管理部门在驿站组织开展司机文明服务培训(图20-4)和从业资格考试报名等工作。目前已累计培训1100余人次,指导400余人次完成从业资格考试报名,有效提升了出租汽车司机的专业素养和服务水平。

图20-4 司机教育培训

(3)组织丰富党群活动,凝聚行业发展力量。为加强出租汽车行业党建工作,景德镇市交通运输局在司机之家设立了市"爱瓷行"志愿服务团党支部(功能型党支部),先后组织开展爱心送考、关爱老年人、慰问孤困儿童等公益活动。形式丰富的党群活动(图20-5)不仅增强了出租汽车司机群体的归属感和凝聚力,还在全社会树立了良好的行业形象。

图20-5 送温暖及志愿活动

四、取得成效

一是树立行业标杆示范,各级高度关注。司机之家成立时由景德镇市政府领导亲自揭牌,在景德镇市出租汽车行业引发广泛关注。驿站先后获评市总工会"工会户外劳动者爱心驿站"、市委宣传部"优秀志愿服务组织"等荣誉称号。2023年11月15日,时任景德镇市委副书记、市长在驿站调研时充分肯定其"行业管理的坚强阵地，景德镇市‘的哥’的温馨港湾”的功能定位。江西省委组织部、省交通运输厅、省民政厅及景德镇市委、市政府等各级领导多次调研指导，其被列为江西省出租汽车行业服务站点建设示范标杆。

二是破解难题提升服务，打造文明窗口。通过完善充电、餐饮、饮水、休息等基础设施，司机之家切实解决了司机群体“充电难、吃饭难、喝水难、休息难”问题。同时，通过常态化开展职业技能培训，有效提升了司机服务能力，推动实现景德镇市出租汽车行业服务质量整体优化。目前，司机之家已成为展现景德镇城市客运行业发展成果的重要窗口，其创新模式和服务特色多次获得省、市两级新闻媒体宣传报道，为提升城市形象、促进社会和谐发挥了积极作用。

21. 资产盘活建驿站，多元服务暖司机

（河南省新乡市出租汽车综合服务区）

一、基本情况

河南省新乡市出租汽车综合服务区（本案例以下简称“服务区”）地处新乡市卫滨区车管所路，紧邻人民西路、西环路、西华大道等城市主干道，距离火车站仅2km，交通区位优势明显。服务区（图21-1）占地面积约为5.9亩（1亩≈666.67m^2），其以改善出租汽车司机从业环境和工作条件为出发点，以解决出租汽车司机“就餐难、停车难、如厕难”问题为落脚点，提供涵盖如厕、停车充电、餐饮休息、车辆维保、党建及从业资格考试于一体的综合式服务，配备工作人员5名，日均接待服务量达100余人次。

图21-1 服务区外景

二、主要特点

一是合作共建。服务区由新乡市出租汽车协会牵头建设，按照“经济实用、布局合理、设施完善、快捷便利”的原则，与具有区位、场地和设施优势的民营企业开展合作共建，共同维护运营。

二是资产盘活。服务区所在园区建于1986年，产权归属新乡市国资集团，前

期为市车辆管理所、市保安公司办公场所。服务区房屋建筑总面积1680m²,其中,培训场地面积120m²,办公场地面积360m²,还设有一处即将投用的车辆检测站。因该园区有较好的区位和场地优势,且有现成的可供入驻使用的房屋设施,2024年初,市出租汽车协会经多次考察后,与园区达成“以共建出租汽车综合服务区为突破口,有效盘活园区房屋资产”的合作意向。园区管理方按照服务区建设标准提供满足使用需求的场地和房屋设施,建设配套充电桩等设备,市出租汽车协会按照《出租汽车综合服务区规范》(GB/T 39597—2020)相关标准合理规划布局服务区党群服务、生活服务和特色服务区域,进一步完善配套设施设备。

三是综合服务。在满足基本入驻条件后,将考试中心迁入园区,同时鼓励出租汽车公司进驻园区,基本实现了业务咨询、服务、考试一站式服务功能。通过广泛宣传与良性运作,在形成一定规模、具有一定知名度后,吸纳招募汽车维修、保险、车载设备运营等商家入驻园区,进一步完善服务区功能,有效盘活园区闲置的房屋场地资源。

三、服务功能

目前,服务区具备停车、充电、如厕、休息、餐饮(图21-2),党群服务、会议培训(图21-3),活动娱乐、车辆维修(图21-4),业务咨询以及考试等功能,并配备相关设施设备,满足广大司机日常基本需求。

图21-2　停车、充电、休息及餐饮区域

图 21-3　党群服务及会议培训

图 21-4　车辆维修与活动娱乐

专栏 21-1

新乡市2024年度出租车行业“最美驾驶员”表彰大会在新乡市出租汽车综合服务区隆重召开

为提升新乡市出租汽车综合服务区在行业内的知名度及社会影响力，进一步加强对出租汽车司机关心关爱力度。2025年1月，由新乡市总工会、新乡市交通运输局主办，新乡市出租汽车行业工会联合会承办的2024年度出租汽车行业“最美驾驶员”表彰大会（图21-5）在新乡市出租汽车综合服务区隆重召开，共有100余名出租汽车司机代表参加本次活动。

本次评选活动侧重于从规范经营、优质服务、安全行车和模范带头等方面对司机进行选拔。经前期宣传动员、申报推荐、层层遴选、审核评定等多个环节，最终从数百名候选人中选拔出112位服务意识强，能力作风硬和乘客口碑好的出租汽车司机，授予“最美驾驶员”荣誉称号，现场颁发了证书和慰问品。

图21-5　2024年度新乡市出租汽车行业“最美驾驶员”表彰大会

四、取得成效

一是群体思想更加凝聚。在新乡市交通运输行业委员会的指导下，市出租汽车协会支部委员会积极号召广大行业党员司机发挥先锋模范作用，积极建言献策，并在行业内广泛宣传介绍，分享服务体验，助力服务区人流量和车流量的增长；在设施配置方面，最大程度满足司机需求，让司机体验到家的感觉，使其获得感与归属感不断增强，行业群体凝聚力更加稳固。

二是从业环境持续改善。该服务区作为新乡市首个面向服务出租汽车司机群体的综合服务区，具有区位优势明显、服务设施齐全、功能实用性强的特点，有效解决了司机群体“就餐难、停车难、如厕难”等实际问题，有力营造了关心关爱出租汽车司机的良好社会氛围。

三是有效带动产业发展。伴随服务区日均接待服务量的持续增长，越来越多的企业租赁服务区场地从事商业活动，既盘活了园区闲置资产，又打通了产业上下游通道，显著提升了社会经济效益，实现了多方共赢的发展目标。

22. 能源升级铸新篇，林邑郴心筑暖湾

（湖南省郴州市出租车综合服务中心驿站）

一、基本情况

湖南省郴州市出租车综合服务中心驿站（本案例以下简称“驿站”）位于郴州市万华路1号旁，地处市区中心，区位优势明显。驿站（图22-1）占地面积达6500m²，设置停车泊位120个。驿站于2023年5月投入运营，配备员工17人，提供车辆清洗、出租汽车座套更换、加油充电、车辆维修、休闲娱乐、餐饮零售等服务，日均服务出租汽车300余辆次。

图22-1 驿站外景

二、主要特点

驿站由原LNG天然气站升级改造而成，凭借显著的区位优势与完备的基础设施条件，现已成为区域性出租汽车综合服务枢纽。驿站选址紧邻加油站，并与相关出租汽车运营公司形成业务联动。其核心优势体现在以下三个方面：一是依托现

有能源补给设施的场地基础，二是具备稳定的出租汽车服务客群，三是满足行业规范要求的硬件配置标准。目前，驿站已形成能源补给、车辆维保、生活服务“三位一体”的运营体系，能够为出租汽车司机提供全方位服务，是一座人性化、有温度、有情怀的出租汽车港湾驿站。

三、服务功能

（1）温馨舒适的休闲区。如图22-2a）所示，驿站设有休息区，配备沙发、空调、饮水机、自动售货机、电视机等设施，为司机提供舒适的休息环境；免费提供Wi-Fi无线上网服务，设有手机充电插口，方便司机在等候车辆充电时使用手机等电子设备。

（2）全天候的温情陪伴。驿站开业至今坚持落实24h人员值班制度，并设有值班室，值班人员均具备应急处置能力（每年开展专业应急培训两次以上）；值班人员坚持做到24h不定时场站巡逻，负责指导充电、提供咨询、指挥泊车，解决各种应急充电情况；如图22-2b）所示，充电场站配备29台监控摄像机，进行24h全方位监控，为场站提供事故处置依据及安全保障。

a）休息区

b）监控设备

图22-2 休息区及24h监控设备

（3）智能化的洗车服务。如图22-3a）所示，驿站设有智能自助洗车机，24h提供车辆清洗服务，价格实惠、操作方便、简单高效。

（4）便捷的充电加油服务。如图22-3b）所示，驿站设置充电桩47个（其中180kW功率桩5个，120kW功率桩42个），可以同时为94台车辆提供安全充电服务。驿站毗邻天龙加油站，可为燃油车提供加油服务。

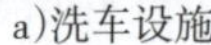
a)洗车设施

b)充电设施

图22-3　洗车及充电设施

(5)一站式的吃购服务(图22-4)。驿站设有餐厅(博澳食堂),面积约100m²,菜品新鲜,价格实惠,每天可为司机群体提供早餐、中餐、晚餐、夜宵用餐服务。同时设有便利店,司机可在便利店购买日常生活用品。

图22-4　餐饮及购物服务

(6)专业化的维保服务(图22-5)。驿站驻有轮胎维修店和玻璃售卖店,为车辆提供轮胎更换、修补,以及玻璃更换、贴膜等服务。

(7)贴心式的座套更换。驿站提供出租汽车座套整车更换清洗服务,并配置吸尘器,可为出租汽车提供车内和后备箱吸尘服务。

(8)坚持党建引领服务。驿站坚持党建引领,成立党支部并设立党群活动中心。现有党支部书记1人,党员14人,设有党员活动室(图22-6)、党建宣传栏等,积极开展党建宣传、新时代文明实践和志愿者服务活动,同时定期在出租汽车司机群体中开展党建引领和贫困帮扶工作。

四、取得成效

一是经济效益显著彰显。驿站以充电服务为主营业务,2024年售电量达376

万kW·h,其充电服务收入不仅有力支撑了运营服务,还成功解决了相关工作人员的就业问题。驿站凭借高效的洗车设备与优越的地理位置,吸引大量司机前来清洗与保养车辆,大幅拓宽了收入来源。洗车业务与汽车修理及周边产品销售相互促进,成效显著。例如,通过推出洗车保养套餐,每月吸引约600辆次的消费,充分展现了多元业务协同发展带来的经济增长活力。

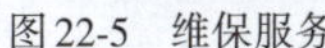
图22-5 维保服务

图22-6 党员活动室

二是社会效益广泛辐射。驿站为出租汽车司机打造了舒适的休息空间,使司机在工作间隙能充分休息放松,有效提升工作满意度与幸福感。这不仅有助于缓解司机疲劳,保障乘客出行体验,还间接提高行业服务质量,推动了城市交通服务水平的整体进步。同时,驿站设立出租汽车共享微信群,方便司机交流路况与客源信息,提高运营效率,降低车辆空驶率,减少能源消耗,助力节能减排与环境保护。此外,通过驿站平台,司机群体的凝聚力与归属感得到增强,对促进社会和谐稳定发挥了积极作用。

三是可持续运营模式初步构建。为响应市爱卫办关于出租汽车车内整洁度的要求,驿站成立出租汽车座套更换中心,目前已与3家出租汽车公司达成合作,确保车辆座套至少每两天更换一次,为市民提供优质乘车环境。设立座套更换中心可吸引司机前来享受服务,延伸进行充电、休息与用餐等活动,为驿站的可持续发展提供有力支撑。未来,驿站计划引入光伏+储能一体化项目,通过光能发电与谷电峰用等方式降低售电成本,减少出租汽车充电经营成本,进一步吸引更多客流,构建绿色、高效、经济的可持续运营生态。

23. 充电站变身温馨港湾，多功能服务万千司机

（广东省珠海市米岐充电红色驿站）

一、基本情况

广东省珠海市米岐充电红色驿站（本案例以下简称“驿站”）位于珠海市香洲区竹仙洞米岐超级充电站内，占地面积达20000m²，紧邻城市主干道关键出入口，与港珠澳大桥、拱北口岸及青茂口岸等重要交通枢纽紧密相连。是集休息、饮水、教育培训、餐饮购物、如厕、淋浴等功能于一体的一站式司机综合服务站点，被广东省交通运输厅评为“出租车综合服务示范区”。目前，驿站日均接待服务量达1200人次。

二、主要特点

驿站建设主体珠海米云新能源科技有限公司积极响应国家加强交通运输从业人员权益服务保障的号召，依托竹仙洞米岐超级充电站既有场地优势，精心规划并改造建设，成功打造集充电服务与综合服务功能于一体的出租汽车司机驿站。图23-1为停车充电区及休息区。驿站建设过程中，充分考虑了与周边交通网络的衔接，确保了司机群体在享受服务的同时，能够便捷快速地通过城市交通网络集散。驿站建成后，对缓解区域车辆充电压力、促进区域交通流畅及提升城市形象起到积极作用。

图23-1　停车充电区及休息区

三、服务功能

驿站充分依托现有场地空间优势，通过科学合理布局与资源高效利用，坚持实用性与美观性并重原则，构建了集高效充电功能与人性化服务设施于一体的现代化充电服务体系。日常运营管理方面，驿站组建了专业高效的运营团队，涵盖管理人员、专业技术人员及客户服务专员，各岗位人员各司其职，协同作业，确保驿站日常运营平稳有序。

（1）停车充电及休息服务。驿站停车场面积约 5000m²，拥有停车泊位百余个。驿站设有司机专用休息室及爱心妈妈小屋，配有大量桌椅供司机休息，提供免费空调与 Wi-Fi 网络，同时备有急救药品、老花镜等物品。

（2）餐饮及购物服务（图 23-2）。驿站设有热水区、咖啡厅、餐厅，提供美味平价菜品，荤素搭配，营养健康且价格实惠；配备自动售货机，售卖零食、饮料等，价格同市场售价。

图 23-2　餐饮及购物服务

（3）党群服务。驿站设立党群服务中心（图 23-3），为开展党建活动提供场地并配备投影、桌椅、无线网络等设施；驿站二楼设立爱心书屋，配备种类丰富的书籍，供司机阅览学习。

四、取得成效

一是经济效益显著。驿站凭借便捷、高效的充电服务与多元化生活便利设施，吸引大量出租汽车司机光顾，有力带动了周边商业消费，为地方经济发展注入活力，促进经济增长。驿站运营过程中创造了众多就业岗位，为有关从业人员提供稳定收入来源。同时，引入智能化管理系统，有效降低运维成本，提升驿站运营的经济效益，保障可持续发展。

图23-3　党群服务中心

二是社会效益突出。驿站目前已成为司机群体交流学习、休息放松的重要场所，极大提升了司机群体的幸福感与归属感。通过定期举办安全教育培训活动，增强司机安全意识，提升其驾驶技能，降低交通事故发生率，有力保障了道路交通的安全与畅通，助力营造良好交通环境；通过便捷高效的充电服务鼓励司机使用新能源车辆，助力节能减排，为环境保护贡献力量，推动绿色交通发展，收获了良好的社会效益。

PART 03

第 3 篇

综合服务赋能

24. 功能完善惠司机,社会服务树形象

（天津市普东街网约车司机之家）

一、基本情况

天津市普东街网约车司机之家(本案例以下简称“司机之家”)位于北辰区东南部普东街国宜道与均胜路交会处,紧邻京津公路、铁东北路、外环北路、宜白大道等天津市主干道出入口,周边临近京津塘高速公路、津蓟高速公路、津滨高速公路、京沪高速公路等干线公路。司机之家地处大型居民社区,区位优势显著,由杭州优行科技有限公司天津分公司(曹操出行)组织建设,由天津吉优和技术开发有限公司负责日常运营管理。司机之家楼内办公面积700m²,院内停车场占地面积2000m²,拥有停车泊位80个,日均司机接待量超过300人次。图24-1为司机之家外景。

图24-1　司机之家外景

二、主要特点

一是设施齐备功能全。司机之家依托天津吉优和技术开发有限公司运营中心的优质资源,为司机提供休息、用餐、饮水、如厕等基本服务,并增设交通违章处理、出租汽车从业资格考试、平台注册等多元化服务,形成了功能齐全、设施完善的一站式服务站点,极大方便了网约车司机的日常工作和生活需求。

二是党建引领共发展。司机之家不仅是服务司机的物理空间,更是党建引领

下的多功能服务阵地(图24-2)。通过成立网约车司机党支部、工会驿站,召开妇女大会以及与社区联学共建,目前形成了涵盖党员、女性职工、工会成员和志愿者等多重角色的广泛社会服务网络,推动了司机群体的社会融入和社区服务,增强了司机之家的凝聚力和影响力。

图24-2 司机之家揭牌仪式及妇女代表大会

三、服务功能

(1)洗车及充换电服务。司机之家在院内设置换电站1座、充电桩13个、洗车间3个、停车泊位80个。日均服务换电车辆约100辆,充电车辆约120辆。图24-3为洗车及换电设备。

图24-3 洗车及换电设备

(2)休息餐饮服务。司机之家设置24h开放的司机休息室(图24-4),室内配备沙发、茶几、空调、电视、洗漱台、卫生间、医药箱、工具箱等服务设施;同时配备微波炉、茶饮机、冰箱、自动售卖机等设备,供司机休憩、热饭、饮水、购物,还为有用餐需求的司机提供了订餐服务。

图24-4　司机休息室

（3）政务服务（图24-5）。司机之家提供出租汽车从业资格考试及注册咨询指导、网约车从业资格证免费延期办理服务，以及交通违章查询、违章处理绿色通道，日均司机接待量达30人次。

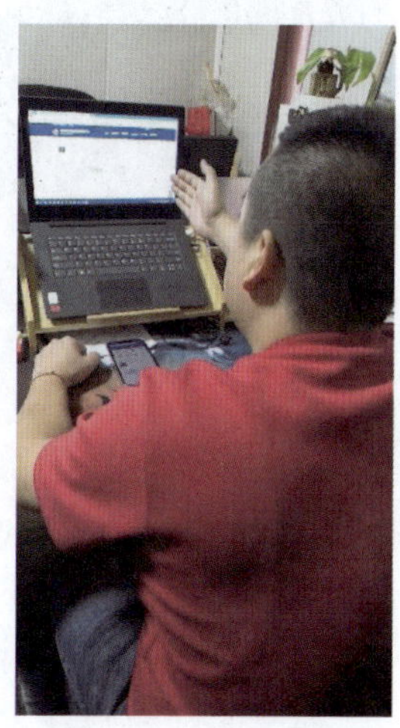

图24-5　政务服务区域及注册咨询指导

（4）党务服务（图24-6）。司机之家成立了网约车司机党支部，目前在职司机党员数量19人，属地党组织不定期与党员司机沟通思想，了解司机思想动向，定期评选优秀党员，树立榜样标杆。

（5）妇联工会志愿服务（图24-7）。运营中心在司机之家召开妇联成立暨第一次代表大会，吸纳成员120人，为女性司机提供免费专项体检福利。市、区两级工会不定期开展“冬送温暖、夏送清凉”慰问活动，让司机群体有了职业和企业归属感。运营中心还与社区联学共建，组建了6支志愿服务队伍，参与公益活动和志愿服务。

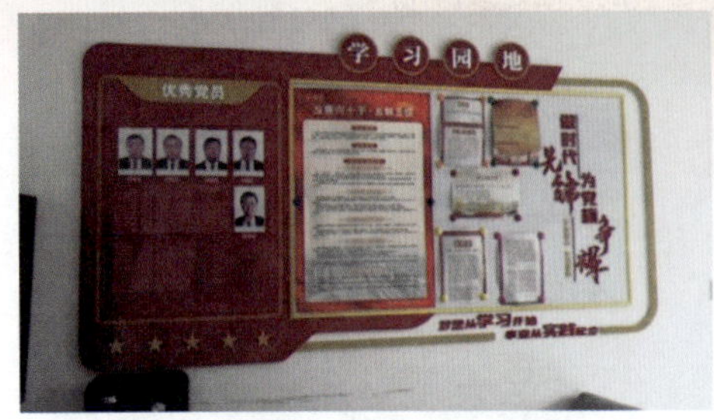

图 24-6　党务学习园地及党日活动

图 24-7　妇联工会活动

四、取得成效

司机之家通过打造工会、妇联、社区服务阵地，一方面，密切了企业与司机群体的联系，在为司机排忧解难的同时，提升了司机的幸福感和归属感；通过公益活动，提升了司机服务质量和企业形象，取得了良好的社会效益；另一方面，在政府帮扶下，企业节省了相关运营开支，取得了良好的经济效益。

一是造福司机群体，解决后顾之忧。通过打造司机之家，配齐服务设施，解决司机群体从业中遇到的停车难、充电难、就餐难、如厕难、休息难等问题，为司机群体提供一个既能满足基本生活需求，又能放松身心、缓解疲劳、释放压力的场所，增强了司机群体的归属感。

二是擦亮服务名片，打造综合阵地。依托司机之家成立网约车司机党支部，打造工会驿站、妇女之家，开展“冬送温暖、夏送清凉”、节假日暖心慰问、免费常规体检及女性专项体检等活动，为司机群体带来了实实在在的福利与关怀，增强了司机的凝聚力，激发了司机的爱岗热情和工作积极性。

三是用心服务社会，提升行业形象。通过联合社区开展志愿服务活动，更好服务司机群体以及周边社区居民，展现行业服务新形象。同时，也让广大司机积极融入基层治理，成为政策宣传员、治安监督员和群众服务员，争当文明司机，提升了司机群体的职业认同感和价值感。

25. 引领服务风尚，贡献标杆力量

（吉林省长春市领仕网约车司机驿站）

一、基本情况

吉林省长春市领仕网约车司机驿站（本案例以下简称“驿站”）位于长春市南关区华顺街888号，紧邻太原东街、珠海路和会展大街，交通便利。驿站周边公园、商圈与学校环绕，地理位置优越，生活气息浓郁，文体资源丰富。驿站占地面积1.7万 m^2，拥有260个停车泊位和100余个充电桩，目前是东北地区单体面积最大、功能最全的网约车服务中心。驿站不仅提供停车、休息、如厕等基础服务，还配套提供餐饮、车辆清洁、维护、专业服务设施设备维修、能源补给等增值服务（图25-1）。目前，驿站自有及合作网约车车辆超过6000台，拥有专业服务人员35名，日均服务车辆超过600辆次，是出租汽车司机经常光顾的“暖心驿站”。

图25-1 司机驿站内景

二、主要特点

一是建设标准高。驿站由吉林领仕科技有限公司与长春城投集团共同投资4000万元建设，在吉林省交通运输厅、长春市交通运输局的共同指导下，协同省、市总工会形成政企共建模式。驿站建设以党建引领为核心，依托建设方场地与资源优势，秉持“打造温馨家园，服务司机群体”的运营理念，构建起集基础服务、生活保障、职业发展等功能于一体的高标准综合服务平台。

二是功能设施全。除满足司机停车、休息、如厕等基本需求外，驿站配套24h特色餐厅、自助超市、健身房、篮球场、读书角、车辆维修、心理咨询室等服务设施，满足司机多样化工作和生活需求。

三是人文关怀暖。驿站着力抓好人文关怀，为司机举办生日会，发放节日福利，常态化组织开展各类丰富多彩的团建活动，让司机切实感受到家一般的归属感，全力打造行业内具有示范效应的服务品牌驿站。

四是宣传效果好。吉林领仕科技有限公司设有新媒体宣传推广部门，拥有抖音账号2个，快手账号2个，小红书账号1个，累计“粉丝”2万余人，每天通过直播方式宣传公司服务项目、讲解从业资格等方面内容，在司机群体中获得广泛好评。

三、服务功能

(1)基本服务。驿站服务大楼的1层和4层设有休息区，总面积1500m²，配有书吧、按摩椅、健身房、理发屋、更衣室、卫生间、淋浴间等服务设施(图25-2)。5层天台面积1800m²，未来将打造小型篮球场、星空房、BBQ团建场地等，供司机休闲使用。驿站大楼外拥有停车泊位260个。

图25-2　休息服务设施

(2)餐饮服务。驿站餐厅面积400m²，提供24h简餐，品种丰富，经济实惠。早餐主食3~5种，按食品单价收取费用；午餐每日6~8道菜，15元/位；晚餐每日6道菜，13元/位(图25-3)。驿站还设置5个智能超市柜，配有饮品和多种类休闲零食，满足司机临时用餐需求。

图25-3　餐饮服务

（3）党建服务。驿站设立党支部，正式党员5人，预备党员1人，入党积极分子6人，流动党员20余人。坚持党建引领，采取线上、线下相结合方式，组织司机流动支部开展习近平总书记重要讲话精神学习、党史学习教育课堂、安全知识培训、司机服务技能培训等，推动从业人员党性修养提升（图25-4）。

图25-4　党建服务

（4）充电维修培训服务。驿站设有室内和户外两个充电区域，每日可服务充电车辆约700辆次。专门设立车辆维修车间，提供车辆维修、洗护、精品装饰、车衣改色等多项特色服务（图25-5）。另开设电池维修技术培训课程，免费为网约车司机讲解授课。

（5）培训教育功能。驿站定期组织出租汽车从业人员开展服务技能教育和培训（图25-6），特别对网约车注册审核、订单管理、订单费用等问题强化解读，有效提高从业人员政策水平和服务质量。同时，驿站专门聘请律师、心理咨询师，每半个月为出租汽车从业人员免费提供法律及心理咨询服务，帮助从业人员做好情绪疏导，以健康身心状态投入日常运营服务。

图25-5 充电维修

图25-6 培训教育

四、取得成效

一是党建引领，积蓄红色动能。长春市领仕网约车司机驿站是长春市出租汽车领域服务扩面提质增效、贴近民生实事的重要线下服务阵地，该驿站的建设使用显著改善了出租汽车司机的工作条件和环境，增强了广大从业人员的获得感、幸福感，有效保障了出租汽车司机权益，推动了行业的健康稳定发展。

二是多元服务，打造温暖港湾。驿站立足从业人员核心诉求，构建“基础保障+增值服务”双轨体系：基础层涵盖餐饮休憩、车辆维护等刚需服务，形成全天候服务网络；增值层拓展法律援助、文化娱乐等特色项目，打造多维服务体系。通过服务模式创新实现降本增效，同步带动区域食材供应链、汽车后市场等关联产业发展，形成“服务提质-产业联动-经济增效”良性循环。

三是强化关怀，提升职业归属。出租汽车从业群体是美好生活的创造者、守护者，也是美好生活的追求者、共享者。驿站积极听取从业人员意见，丰富服务与人文关怀举措，确保关爱“接地气”；每月举办司机生日会、发放节日福利，让从业群体感受到实实在在的温暖。通过开展服务技能教育和培训、法律援助和心理咨询等活动，增强司机主动服务意识，帮助解决其工作生活困难，提升从业群体职业归属感和荣誉感。

26.62580小站，“驿”心为你

（上海市62580约车司机服务中心）

一、基本情况

上海市62580约车司机服务中心（本案例以下简称“服务中心”）位于上海市浦东新区金高路200号，于2024年3月1日正式运营。作为强生致行旗下第一个综合性的司机服务站点，服务中心自揭牌运营以来，始终坚持以服务好、管理好一线司机队伍为己任，围绕基础建设和基层党建推出了一系列的服务举措。目前，这个集党群阵地、政策咨询、教育培训、餐饮食堂、暖心超市、安心休息于一体的一站式服务中心已面向上海市出租汽车司机开放（图26-1）。

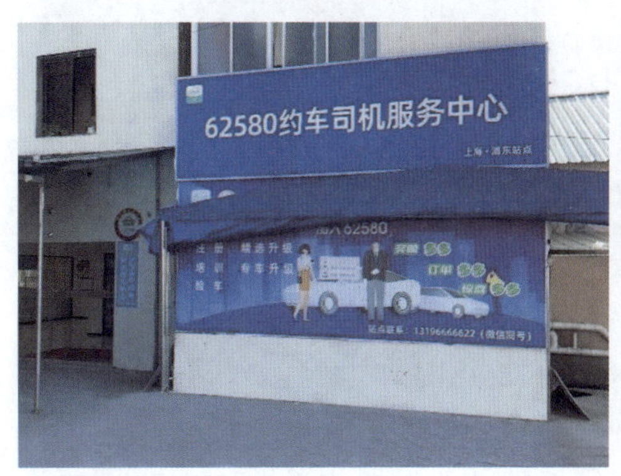

图26-1　服务中心外景

二、主要特点

一是资源整合提升。服务中心是强生62580一站式出行平台的线下服务站点，该场地原为新能源车充电场站，为司机提供停车和充电服务。为了进一步提升服务保障能力，建设单位聚焦出租汽车司机的实际需求，通过扩容建设，将服务中心打造成一个提供一站式服务的综合平台、“爱心驿站”。

二是服务设施完善。服务中心设置司机蜂巢休眠舱、休息室、洗衣房、浴室(含桑拿)、超市以及食堂等设施,为司机提供全方位的生活服务。同时,与医疗机构及社区卫生中心开展深入合作,定期为司机提供心理咨询与健康咨询服务。

三是宣传培训到位。为向司机提供更加专业、安全的服务上岗培训及网约车业务咨询服务,服务中心为党员司机开设了党群服务活动室,提供强生电子书屋作为司机线上学习平台;通过组织读书活动的方式,完成打卡任务,凝聚队伍合力。

三、服务功能

(1)基础服务功能(图26-2)。服务中心设置休息室、茶歇室,为司机提供舒适的休息环境;提供共享休眠舱,方便夜间入场充电的司机休憩;免费提供干净整洁的公共卫生间、浴室(含桑拿)、洗衣间。服务中心拥有100个停车泊位,24h为司机提供停车充电服务。

图26-2 休息室及淋浴间

(2)餐饮服务(图26-3)。服务中心食堂可供20人同时用餐,每天为司机提供价格为14~18元不等的营养套餐,荤素搭配、物美价廉。根据司机反馈意见定制特色美食,配备了“扫码进入、自助购物、自助结账”的自助式便利店,销售价格普遍低于市场同类超市定价。

(3)充电服务(图26-4)。服务中心所在的“i玖充电金高路站”配备了90把快充枪,营业时间为24h,充电车辆可享2h免费停车。为了更好地服务司机,服务中心积极与充电站合作,为司机提供夜间免费充电及低成本电费优惠服务。

图26-3　餐厅及超市

图26-4　停车充电区域

(4)党群服务(图26-5)。服务中心配套建设党群服务活动室,为行业内党员司机队伍在线下开展集中学习、宣传教育、业务培训、共联共建等党群服务活动提供基础设施保障和专业化、规范化的服务。同时,通过平台开展党员司机亮身份、读书打卡等活动,定期评选出优秀党员、服务之星,并在党群服务活动室展示。

图26-5　党群服务

(5)其他配套服务。服务中心根据网约车司机工作生活特点，持续拓展更多功能。引入专业培训团队，严格按照行业标准，为司机提供高质量的服务安全培训；定期邀请行业执法部门上门开展各类专题培训；聚焦关心关爱司机工作，与医疗机构及社区卫生中心开展合作，定期为司机提供心理咨询与医疗服务(图26-6)。

图26-6 司机培训及义诊活动

四、取得成效

62580约车司机服务中心是强生致行践行“人民城市”理念的生动体现，是连接政府主管部门与一线司机的桥梁纽带。62580约车司机服务中心立足加强基层党建、加强党员管理、加强关心关爱、提升服务能级，持续推出党群服务爱心驿站新功能；通过服务升级，进一步提升司机的获得感和幸福感，相关做法获得了媒体的广泛关注和司机群体的积极认可。

27. 宁漂筑梦，驿路有你

（江苏省南京市交通“宁小蜂驿站”寅春路站）

一、基本情况

江苏省南京市交通“宁小蜂驿站”寅春路站（本案例以下简称“驿站”）位于栖霞区寅春路6号（图27-1），占地面积20000m²，其中建筑面积7500m²，配备24把充电枪、400个停车泊位。该驿站在为司机提供休息、充电、如厕等功能的基础上，集住宿、24h餐饮、车辆维修及便民服务等功能于一体，为司机提供一站式服务。该驿站由南京铁宁企业管理有限公司投资运营，共有管理人员30名，日均客流量300人次。为了方便司机查找和使用，该驿站已在高德地图和打车软件同步上线。因其优质的服务和良好的社会效益，南京市总工会授予该驿站“宁工享 工会驿站”荣誉称号。此外，在第四届“我为群众办实事”群众口碑榜活动中，南京市交通“宁小蜂驿站”项目荣获“典范奖”称号。

图27-1 驿站外景

二、主要特点

一是资源集约利用。该驿站是南京市打造的首个一级服务驿站，利用破旧厂房改造而成，在保留原有框架主体的基础上，通过空间重塑、功能再造、修葺完善，让老厂房焕发新活力，实现了资源的可持续利用。

二是解决“宁漂”住宿难题。驿站二、三、四楼为司机专属公寓，设置休闲读书区和文化长廊，共有120间客房，可供204位司机居住，并可为入住司机提供优惠充电、夜间代泊服务，成为不少外地司机在南京的“暖心港湾”(图27-2)。截至目前，已入住司机60人。

图27-2 住宿服务

三是发挥党群服务优势。驿站在满足新就业群体工作、生活、学习等需求的同时，设置了文化长廊、党员风采墙、休闲读书区、法律咨询服务站、教育培训室等功能模块，通过典范引领、纾难解困、教育引导等措施，逐步将驿站打造成为弘扬行业正能量、引领行业正向发展的重要党群服务阵地。

三、服务功能

(1)基础服务功能。驿站一楼公共休息区配备桌椅、电视、血压仪、急救包、报刊、移动电源、饮水设备等，让司机在充电补能的同时，能够舒舒服服地坐下来、喝口水、吃个饭，享受便利服务(图27-3)。此外，该站共有停车泊位400个，解决司机停车难问题。

(2)餐饮服务功能。驿站餐饮区提供24h餐饮服务，快餐10元起，提供免费的米饭与例汤，日均服务200人次，有效满足了司机用餐需求(图27-4)。同时，驿站配备自动售货机，为司机提供饮料、零食购买服务。

图27-3　停车及休息区

图27-4　餐饮服务

(3)党群服务功能(图27-5)。驿站通过打造党员司机活动室,构建“1+3+X”共融共建模式,即1个党建联盟引领、3类服务阵地保障、统筹X方共建力量,建立市交通运输部门、公安部门、属地街道和运营企业等多家单位的党建联盟,实现业务和党建的深度融合,发挥组织共建、资源共享、问题共商、活动共办、服务共做的作用,构建新就业群体“5分钟党建服务圈”。

(4)教育培训功能(图27-6)。驿站设置两个培训室,主要用于党员教育、治安学习、职业道德宣讲、服务质量培训等。截至目前,驿站已经成功举办149场各类培训活动,涵盖政策法规、行业规范、服务技能等多个方面。累计培训人员超过2万人次。这些培训不仅提升了党员的政治素养和业务能力,也为广大司机和工作人员提供了学习交流的平台。

图27-5　党群服务

图27-6　培训教育

四、取得成效

一是改善司机从业环境。在南京从事网约车运营的司机群体中70%的人员来自外地，他们作为城市建设者中的一分子，在感受城市飞速发展的同时，也面临着“吃饭难、休息难、如厕难、充电难”四个难题。行业管理部门围绕打造“一个学习阵地、一个休息阵地、一个服务阵地、一个问需阵地、一个宣传阵地”的要求，持续推进交通“宁小蜂驿站”标准化建设，有效改善了司机从业环境，提升了从业人员权益保障水平。

二是破解可持续发展难题。该驿站是南京市借助市场化办法解决司机休息难问题的首次尝试，通过制定建设及运维管理办法，以“政府部门考核奖补，民营企业投资运营”的模式，实现可持续发展，真正做到了“大门常开、司机常来、教育常抓、服务常做”，更好地发挥线下阵地“家”的作用。

三是社会效益持续扩大。南京市交通运输部门联合多个单位成立了寅春路出租汽车综合服务中心党建联盟，打造"5分钟党建服务圈"，及时响应司机需求，不断提升驿站服务水平。此外，通过驿站开展了暖"蜂"行动，设立了全省首个网约车行业慈善关爱基金，组织开展了网约车司机劳动竞赛、网约车行业趣味运动会等"安全有序、文明有礼、南京有爱"系列主题活动，以及义诊、慰问、健康讲座等关心关爱活动，增强了司机群体的获得感、归属感。

28. 打造一站式司机小站，搭建“最全能”服务链条

（浙江省杭州市出租汽车综合管理服务中心）

一、基本情况

浙江省杭州市出租汽车综合管理服务中心（本案例以下简称“服务中心”）位于杭州市西湖区振中路199号，距离留石高架、紫金港隧道等城市主干道仅2km，是辐射城西科创大走廊、衔接主城区与余杭组团的核心交通节点（图28-1）。服务中心产权单位为杭州市交通运输发展保障中心（杭州市交通运输局下属单位），总建筑面积达12350m²，是杭州市目前规模最大、功能最全、服务面最广的出租汽车司机驿站。自2018年投入使用以来，日均为2000余名出租汽车司机提供服务。

图28-1　驿站外景

二、主要特点

一是资源集成，推动服务跨界融合。服务中心始终坚持以人民为中心，聚焦司机群体急难愁盼问题，突破传统服务站局限，进一步引进与出租汽车业务密切相关的产业，集结横向部门、属地镇街、工会协会、党群团等资源力量，不断对中心功能

进行优化、整合、提升，逐渐形成具备停车、就餐、如厕、充电、休息、维修、办证、培训、考试、宣教等涵盖7大类49项服务功能的多维服务体系。

二是党建引领，赋能小站提能升级。为更全面、贴心地服务好杭州市出租汽车司机，依托原三墩出租汽车服务区场地基础，服务中心于2022年提能升级为交通运输党群服务中心，通过“空间重构+功能重组”，将服务站点升级为“红色阵地”，使司机驿站不仅是“钢铁森林”中的温情坐标，也是“车轮轨迹”里的精神港湾。

三是铺设“全生命周期”服务链路。为了更贴近司机就业需求，解决就业实际问题，服务中心以“智慧政务、精准服务”为核心，推出从准入前到退出后的“全生命周期”服务链路，成为全国首个融合就业培育与行业治理的实体化服务标杆。

三、服务功能

（1）政务服务。服务中心政务服务办事大厅（图28-2）设有ETC、运政服务、交通治安、行业协会等10个办事窗口，是全省“最多跑一次”改革的前沿阵地，率先实现“一窗受理、并联审批、无感智办”，凡是与杭州市出租汽车行业相关的业务，都可以在这里“集成服务、一次办结”。作为出租汽车司机来杭入职从业的第一站，在这里，司机通过从业资格考试后，即可获取电子证照；退出注销手续同样精简高效；同时，可以在行业协会服务台办理继续教育报名、发票领用等服务事项。

图28-2　综合服务大楼及办事大厅

（2）党建服务。服务中心四楼设置有“行进的城市文明”主题展厅（图28-3）和交通运输行业党建主阵地，以杭州市出租汽车行业65年发展年轮为出发点，以巡游车改革、网约车纳管、新老业态协同发展三个阶段为轨迹，通过“最美的士”党建品牌、优享赋能专项行动、先锋典型和“六张金名片”等具有杭州特色的亮点展示，呈现杭州市出租汽车行业发展历程。

图28-3 “行进的城市文明”主题展厅

(3)考培就业服务。一是考试中心站。这里是杭州市出租汽车司机从业资格考场主阵地,每年为4万名考生提供考试服务(图28-4)。近十年来,考取从业资格证的出租汽车(含网约车)司机有近40万人,杭州市出租汽车司机队伍都是“从这里出发”。

二是就业服务站。设立就业服务站,联合各网约车平台,驻点为司机提供就业咨询、入门指导、车辆租赁以及新手礼包等服务,打造“从考场到职场”的一站式精准就业对接服务。

三是培训加油站。由市客运出租汽车行业协会统一安排,面向全体出租汽车行业从业人员,聘请专业教师对需要参加复训的司机进行免费宣教培训。

图28-4 考试及培训服务

(4)“3+X”生产生活服务。一是停车充电服务。全区设有271个停车泊位,考虑到杭州市的新能源出租汽车车辆占比已达90%,为满足司机最迫切的充电需求,场地里增设了87个充电桩(其中快充桩47个),并对持有道路运输证的车辆给予2h免费停车的优惠服务(图28-5)。

二是就餐服务(图28-6)。服务中心二楼设置有餐厅,提供早餐、中餐服务,全年无休,可容纳208名司机同时就餐,价格优惠,人均15元左右即可吃到可口的饭菜。用餐时间设置贴合司机工作实际,司机可以放心地错峰用餐、充电等,不必担心赶不上饭点和充电排队。

图28-5　停车充电维修服务

图28-6　餐饮服务

三是健康休闲服务。服务中心二楼开设了司机活动室、健康理疗室和城市书房，配备乒乓球桌、台球桌、健身器材、按摩椅等设施（图28-7）。司机就餐后及等待充电期间可以在这里放松身心，主打“车子在楼下充电，人在楼上充电，给‘我’两小时，让您满电上路”。近期，中心积极联动属地，拟在服务中心开展公益理发、“青年夜校”等面向新就业群体的关心关爱服务。

图28-7　休息及娱乐区域

四是生活便民服务。在工会部门的支持下，服务中心特别设置了工会驿站，配备冰箱、蒸烤箱（微波炉）等设备（图28-8）。为满足司机全方位需求，服务中心还设有洗车、维修、车载终端调试、车辆租赁等一站式综合服务。同时，配备自动体外除颤器（AED）等医疗设备，为突发情况提供急救服务。

图28-8　生活服务

四、取得成效

多年来，服务中心从功能单一的服务区到党群连心的共同体，以“党建链”整合“服务链”，以“服务链”驱动“治理链”，有效破解传统出租汽车服务站“重管理轻服务、有硬件缺温度”的问题，持续释放“服务一群人、温暖一座城”的乘数效应。

一是服务效能提级增强民生获得感。服务中心的综合性服务覆盖所有巡游车与网约车，一站式全链条的服务体系，让司机的就餐、充电、休憩成本降低，办事效率提升。

二是行业党建赋能行业治理效能倍增。交通运输党群服务中心的成立，进一步提升了党建凝聚力，充分发挥党建阵地“红色磁场”效应，吸引更多流动党员司机归队，引领党员司机在亮身份优服务的同时，进一步参与社会治理，推动95128爱心车队和码召服务进社区，助力“行业+党建”双向赋能。

三是可持续模式探索初现雏形。服务中心创新采用“以楼养楼”的运维模式，合理利用准公益性服务事项与服务面积，通过场地租赁、产业合作等方式，驱动资金循环，保障公益性服务功能有效运转，全面适应市场化运营。

四是样本经验产生辐射带动作用。服务中心的模式具有可复制推广价值，目前杭州市域范围内已建立70余个司机小站，基本以综合性服务融合体模式为主，如星级充电驿站+司机小站、党群服务中心+司机小站等模式。

下一步，杭州市将以服务中心为基点，进一步提升党建与服务双螺旋上升的互促效应，努力打造基础服务站转型赋能生态圈、党建引领力驱动服务生产力的司机小站鲜活样板。

29.绿能蝶变筑家园,融入城市注新能

（福建省厦门市绿牌新天地园区司机小站）

一、基本情况

福建省厦门市绿牌新天地园区司机小站(本案例以下简称“司机小站”)地处厦门市湖里区,位于绿牌新天地园区内,园区占地面积达2.23万m^2,是全国首座电动汽车主题园区,也是厦门市首座三星级低碳园区。以自主研发的动力电池在线检测技术为核心,园区搭建了新能源汽车后市场的产业链生态,集合了电动汽车展销、充换电、美容改装、三电维修、电池回收等相关产业,目前入驻企业和机构23家,拥有职工200余人,每日进出园区的网约车近1300辆次。2022年7月,园区正式成立了“绿牌新能源园区联合工会”,将网约车司机等新就业群体纳入工会服务范围,打通网约车司机入会的“最后一公里”。自成立以来,绿牌新天地园区联合市总工会先后获得福建省引领性共享司机之家、厦门市总工会共享职工之家等多项荣誉称号。图29-1为司机小站内外景。

图29-1　司机小站内外景

二、主要特点

一是整合电动汽车产业链。司机小站所在的绿牌新天地园区集电动汽车展

销、充换电、美容改装、三电维修、电池回收等多元化业态于一体，入驻企业和机构23家，形成产业协同效应。每日进出园区的车流量大，既为司机提供便捷服务，又推动新能源汽车产业上下游资源的高效整合。

二是打造24h综合服务。围绕充电站构建了综合式、全天候的服务设施网络，形成“一分钟便捷休息圈”。充换电站提供24h不间断充电服务，司机小站不仅覆盖司机日常休息及用餐需求，还将交通违法罚款缴纳、临时身份证办理、生育津贴申领、备案通知书就近打印领取等便利化政务服务业纳入服务范围。通过设施标准化和功能集成化，实现司机需求的全时段全方位响应，提升了服务效率和覆盖广度。

三是低碳环保理念融入日常服务。作为厦门市首座三星级低碳园区，绿牌新天地园区（图29-2）将绿色发展理念贯穿于园区运营全流程。除电动汽车主题定位外，园区通过动力电池回收、节能宣传周空瓶换咖啡等活动，将环保理念融入司机日常场景，为新能源产业园区提供了可复制的生态化建设样本，凸显绿色技术与人文关怀的双重价值。

图29-2　园区鸟瞰图

三、服务功能

司机小站所在的园区围绕充电站，建设了多个服务阵地，为出租汽车司机提供充换电、免费热水、热饭、读书看报、临时休息、罚款缴纳等多种服务，构建了“一分钟便捷休息圈”（图29-3~图29-5）。

图29-3　临时休息区域

图29-4　餐饮服务区域

图29-5　车辆维修及政务服务区域

绿牌新天地园区联合工会每年围绕“新事”和“新声”，根据不同的节日和主题，开展形式多样、内容丰富的活动，传达国家及行业政策，倾听司机声音，提供司机服务。截至目前，共开展活动近60场，累计服务司机超3000人次。

（1）“红色朗读者”主题阅读活动。先后举办了两届集中式“红色朗读者”主题阅读活动，通过号召新就业群体诵读红色经典，回顾党的历史，传承红色基因，将革命力量内化于心、外化于行。同时，在“绿牌先锋”公众号上开设红色朗读者专题栏目，常态化邀请网约车司机或党员职工接力阅读，用轻松有趣的方式把党的思想传播到新就业群体心中（图29-6）。

图29-6　主题活动

（2）微心愿征集活动。每年5月20日，针对网约车司机特别举办的微心愿征集活动，持续关注网约车司机的所思所想，帮助他们解决生活中的急难愁盼问题，切实提升他们的幸福感和满足感。目前，已经帮助80多名网约车司机实现了微心愿，用实际行动诠释了对网约车司机的关爱与尊重。

（3）开展工会活动。开园以来连续三年开展端午节活动，向网约车司机分发粽子，为他们送去节日关怀；中秋节举办联合博饼活动，奖品和奖金由商家赞助；冬至送饺子、春节送春联，元宵节送汤圆；夏天有免费的绿豆汤和酸奶，冬天有免费的姜茶。让网约车司机真真切切感受到工会和园区的关怀与温暖，进一步提高了他们的归属感、幸福感和满意度（图29-7）。

（4）联动园区商户举办活动。2024年5月的节能宣传周，举办矿泉水瓶免费换咖啡、喝奶茶活动，网约车司机用两个空矿泉水瓶就可以在园区内的咖啡店换取饮品(图29-8)。此次活动,不仅增强了网约车司机群体的节能低碳意识,还将绿色发展理念植入每位网约车司机心中。

图29-7　关心关爱活动

图29-8　免费换咖啡活动

四、取得成效

一是打造多功能学习空间,助力从业人员自我提升。园区联合工会通过建设配备免费无线网络、阅读空间及舒适休息区的司机之家,为网约车司机群体创造复合型学习环境。例如,江师傅在充电间隙既督促女儿完成作业(图29-9),又自学专升本课程,其认真学习的姿态形成良好示范效应,带动子女营造积极向上学习氛围,实现工作学习两不误的良性发展模式。

二是创新心愿服务体系,激发群体互助动能。依托“520微心愿”特色活动,工会建立精准需求响应机制。例如,田师傅通过工作人员帮助,实现结婚纪念日送花心愿后(图29-10),主动转型为工会志愿者,带动形成“受助-反哺”的良性互动模式。该机制已促成80余名司机实现心愿,培育出多名像田师傅这样的志愿骨干,推动服务力量内生式增长。

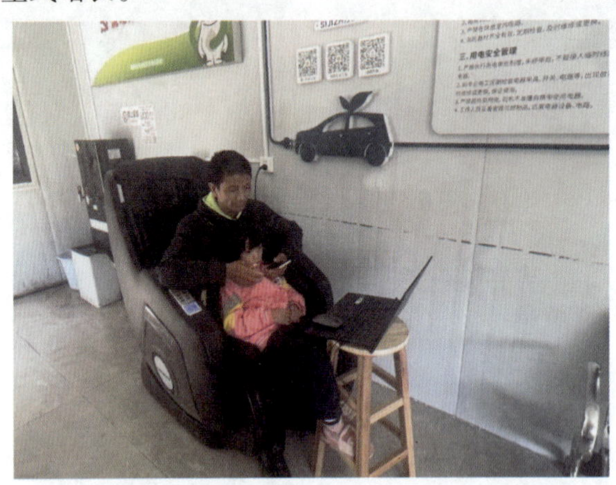

图29-9　江师傅在充电间隙督促女儿完成作业

图29-10　田师傅通过工作人员帮助实现结婚纪念日送花心愿

三是构建双向赋能机制,强化组织凝聚力。通过流动党员报到点和返厦补贴政策落地,工会搭建起政策服务桥梁。例如,党员司机邱师傅在享受工会福利后,主动担任工会“联络员”,建立司机入会指导群,以亲身经历带动多名同行加入组织,形成“政策落地-典型示范-群体响应”的辐射效应,有效扩大工会组织覆盖面。

四是聚焦情感关怀需求,提升职业归属感。针对从业人员思乡情结,工会通过微心愿征集精准捕捉个性化需求。例如,为沈师傅定制化实现“给母亲买新衣”的孝心愿望,延伸关怀触角至司机家庭成员。此类温情服务已形成节日关怀(送粽子、汤圆等)+日常关爱(夏送清凉、冬送暖饮)+特殊节点慰问的立体服务体系,切实增强了从业人员城市归属感。

30.智汇南湖，驿暖车途

（福建省莆田市南湖公园司机驿站）

一、基本情况

国投智慧出行·司机驿站（本案例以下简称“驿站”）位于（图30-1）莆田市南湖公园，总占地面积14556.78m²。驿站免费提供休息桌椅、茶水、充电、Wi-Fi、医药箱、空调、打印机、电脑及公共卫生间等；设立宣传栏，让司机了解服务项目、工会知识、从业须知等相关政策内容；设立驿站书屋，为司机提供阅读学习场所。驿站场地宽敞，在春节、妇女节、劳动节、端午节、中秋节等节假日为司机送上温暖，设立司机服务日、夏送清凉、司机节、“微心愿”等关怀活动。目前，驿站运营人员12人，每日客流量约50人次。

图30-1 司机小站全景

二、主要特点

一是优选智慧区位，打造人车协同服务枢纽。国投智慧出行经过综合研判，选取了方便司机停车和具有新能源汽车充电桩的莆田市南湖公园作为司机驿站，场地占地面积大，可因地制宜满足司机师傅多样化服务需求。

二是深耕红色文化，构筑职业精神阵地。倾情打造“司机之家”专属文化墙，对司机开展党建、工会关爱、安全知识等宣传教育，既增强了司机安全文明驾驶素质，也极大提升了司机的职业荣誉感和归属感。

三是搭建知识驿站，赋能职业进阶之路。为促进新业态劳动者不断进步学习，驿站设立了“学习读书角”，让过往司机在休息、停留期间享受阅读的乐趣。

四是集成多元服务，闭环生态提质增效。驿站为司机配备可容纳100余人的培训室、480余个停车泊位、网约车司机从业资格考点、车辆检查点、轮胎更换场所，并提供免费洗车等服务。

三、服务功能

驿站为司机提供线上平台注册、线下提车验车、赋能培训、问题解答、司机关怀、休息交流、洗车维修以及从业资格考试等多项服务；设立餐饮区、休闲区、休息区，免费提供热水、寄存物件和休息室等服务；配备免费Wi-Fi、医药箱、空调、打印机等实用设备设施；与“好果食光餐厅”合作，解决网约车司机“吃饭难”问题，通过定制司机套餐及免费配送餐服务，让司机师傅吃到健康便宜的热乎饭，减轻生活压力（图30-2~图30-4）。

图30-2　车辆清洗及维修

图30-3 停车及充电

图30-4 教育培训及考试区域

四、取得成效

驿站自建成运营以来,始终秉持"关爱司机、服务司机、温暖出行"的服务理念,通过多种举措改善出租汽车司机工作条件和从业环境。新就业形态劳动者在这里不仅能满足用餐、如厕等基本生活需求,还能享受到健康娱乐、学习提升、工作解惑等其他方面服务。实践证明,设立司机驿站是有效解决出租汽车司机停车、休息、充电、如厕、学习等实际问题的务实举措,能够让巡游车、网约车司机工作和生活更便利、更满意,受到了司机师傅们的一致好评。

31."的士之家"打造一个温暖的家

（山东省济南市济南公交恒通公司的士之家）

一、基本情况

山东省济南市济南公交恒通公司的士之家（本案例以下简称"的士之家"）服务区总面积超8000m²，由五个服务站组成，其中毗邻济南市长途汽车总站建设恒通服务站、依托燕山立交公交枢纽（二环高架）建设燕山服务站、依托凤凰立交公交枢纽（二环高架）建设凤凰立交服务站、毗邻高铁济南西站建设青岛路服务站、利用卧龙路公交场站建设市中服务站，在济南市主城区实现"东、西、南、北、中"全域布局。济南公交恒通公司以打造"1小时服务圈"为理念，按照统一标准设置了司机驿站（休息区）、充电区、维修区、洗车区、的士餐厅（图31-1），为出租汽车司机提供多元化、一站式服务，使他们在车辆充电时能得到充分休息，受到广大巡游车、网约车司机的欢迎。运营至今，已累计服务30万余人次，日客流量约800人次。

图31-1　驿站大厅

二、主要特点

一是全域化战略选址布局，构建"1小时服务圈"。的士之家突破传统服务点布局分散的局限，创新采用"交通枢纽+城市核心"的选址模式，深度绑定城市交通动脉。这种布局不仅可以利用既有交通资源形成自然流量入口，更能通过枢纽辐射能力将服务触角延伸至全城，确保司机在接单、换班、跨区行驶等场景中均能快速接入服务网络，实现“需求在哪，服务就到哪”的动态匹配，大幅降低司机的时间与路径成本。

二是构建标准化与智能化服务体系，实现“全链无忧”。通过统一设施配置（标配空调、按摩椅等）、统一服务流程（维保“一次进站，全程无忧”）、统一品牌标识（注册专属餐饮商标），形成可复制的服务模板。同时，依托数字化手段实现线上预约充电、扫码自助服务、跨站信息互联互通，并推出充电五折、夜间免费简餐等精准优惠活动。这种“硬标准+软智能”的双重保障，既确保服务质量稳定性，又通过技术赋能提升效率，为灵活就业群体打造了高性价比、全链条覆盖的服务生态。

三是强化公益化多元服务定位，强化社会联结。的士之家突破单一行业服务边界，将受益群体从巡游车、网约车司机扩展至快递员、环卫工人等灵活就业者，并以“家文化”为核心，融入公益属性。通过建设出租汽车历史展览馆、文化长廊，开展党建活动（如流动党小组、先锋车队），举办节日慰问和助老敬老行动，不仅提供了物质便利，更构建了精神归属空间。这种“服务+文化+公益”的多元定位，既强化了国企社会责任形象，也通过情感联结提升了用户信任度，成为行业党建与民生服务融合的创新标杆。

三、服务功能

（1）暖心休憩。按照“服务功能最大化”原则，驿站设有宽敞的休息区，配备了空调、电视、按摩椅、饮水机、微波炉、药箱、图书、健身器材、便民伞、手机充电、免费Wi-Fi等设备设施，提供24h免费休息服务（图31-2）。司机师傅在工作间隙能够得到充分的放松和休息，有效缓解疲劳，真正感受到“家”的温暖。

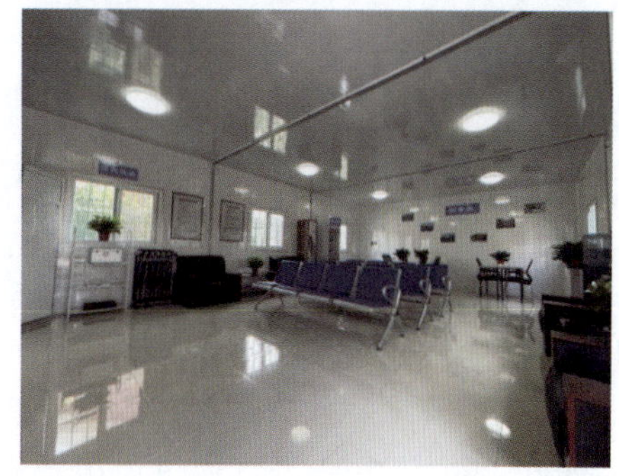

图31-2 休息大厅

(2)便捷充电。实行“线上+线下”综合服务模式(图31-3)。线上提供咨询、预约服务;线下组建专业运营服务团队,统一着装,统一服务标准,各站实现信息共享、资源互联互通,为司机师傅提供快捷、方便、高效标准化服务。

图31-3　充电服务

(3)可口餐饮。“的士餐厅”提供经济实惠的“的士套餐”,菜品丰富,兼顾不同口味。配备食品加热设备,方便司机师傅随时用餐(图31-4)。

图31-4　餐饮服务

(4)快捷清洗。针对巡游车、网约车停站时间短的特点,在济南市精洗最低价格的基础上,推出了三分钟快洗、简洗和自助洗车服务,为司机师傅省时、省钱、省力(图31-5)。

(5)车辆维保。提供全方位车辆快修、维护一站式服务,设有专业的维修车间,配备经验丰富的维修团队,能够快速高效地处理各类车辆问题,减少司机师傅等待时间(图31-6)。

(6)文化阵地。建成济南市第一座出租汽车历史展览馆和文化长廊,让司机师傅在充电、休息之余,可以通过展板快速了解出租汽车的百年发展变化和历史沧桑，增强他们的文化认同感、行业归属感和服务责任感（图31-7）。

图31-5　车辆清洗

图31-6　车辆维修

图31-7　文化宣传

（7）关怀帮扶。冬送温暖、夏送清凉，在传统节日和特殊时期，送上节日慰问，传递关怀与温暖，进一步提升司机师傅的幸福感（图31-8）。

图31-8　关心关爱活动

四、取得成效

一是党建引领与队伍建设成效显著。通过深化党建与服务融合，成立流动党小组，开展线上线下党员学习、先锋车和示范岗活动，强化党员司机先锋模范作用。截至2023年，已吸纳11名流动党员，18人提交入党申请书，切实提升了党组织的凝聚力和司机群体的向心力。

二是品牌创新与社会责任双突破。组建“雷锋车队”“爱心车队”等8个品牌车队，推行“星级管理 星级服务”制度，获2023年度中国建设职工思政研究会优秀案例奖。持续开展“绿丝带助考”“重阳敬老”“社区便民服务”等公益活动，荣获全国五一劳动奖状、全国出租汽车行业抗疫先进集体山东省文明企业等多项国家级、省级荣誉。

三是服务规模与行业影响力持续提升。自2020年7月运营以来，累计提供充电服务1531.27万kW·h、车辆维保4.17万车次、洗车服务12.38万辆次、餐饮服务21万余人次，日均服务800人次，总服务超30万人次。通过实际行动成为全国城市公交企业文化建设基层示范点，树立了国企责任担当的行业标杆。

四是文化传承与行业认同感增强。建成济南市首座出租汽车历史展览馆和文化长廊，通过展示百年出租汽车发展历程，增强了司机群体的文化认同感和服务责任感，为行业精神传承提供了实体化载体。

32.政策保障稳根基，多元服务助出行

（湖南省长沙市东山出租汽车综合服务中心）

一、基本情况

湖南省长沙市东山出租汽车综合服务中心（本案例以下简称“服务中心”）位于长沙市高铁新城，距长沙南站1km、国家会展中心2km、雨花区人民政府3km。周边路网完善，可通过主干线花侯路、长沙大道快速通达长沙主城区、长沙南城区域、河西区域和长沙县城区。服务中心总占地面积27410m²，划分为充电区、车辆检测区、保养区、洗车与休息区、综合调度区、停车区、试车区等七大功能区（图32-1）。服务中心一期已于2022年12月投入运营，每日客流量约1000人次，活跃用户持续增加。

图32-1　服务中心外景

二、主要特点

一是政府保障有力。2011年2月，长沙市人民政府将面积为4.3万m²的国有土地划拨予龙骧集团，用于建设黎托汽车站备班保障区项目。在用地范围内已依照规划建成武广机动车检测站与加油站的基础上，利用剩余用地，建设长沙市东山出租汽车综合服务中心。服务中心所在项目已纳入湖南省交通运输厅“‘十四五’城市公交场站规划建设项目库”，是湖南省、长沙市重点建设的城市公交场站项目。

二是建设标准提质。服务中心按一级出租汽车服务区标准配置建设规模和建设功能，平均每泊位用地配置面积达171m^2，远超《湖南省城市公交场站和出租汽车服务中心建设指引》中一级出租汽车服务中心“用地面积宜为3000m^2以上、不低于32m^2/泊位”的标准。各功能区错落有致、布局合理，便于作业；生产生活与运营管理区分布于东西两侧，有效避免了噪声对办公区的影响。

三是综合服务增效。服务中心系长沙市规模最大的出租汽车综合服务中心。该中心主要面向巡游车及城市新能源电动车，全面提供停车、充电、餐饮、业务办理、车辆检测、维修、清洁等综合性服务项目。为广大出租汽车从业者提供了工作和生活便利，有力保障了城市出租汽车行业高效、稳定运转。

三、服务功能

（1）餐饮服务。食堂提供餐饮、免费无线网络、免费开水、休息、手机充电等服务。为满足充电时司机的休息需求，餐厅同时设有司机休息区，在餐厅营业期间空调免费开放（图32-2）。

图32-2　餐饮服务区及司机休息区

（2）充电及加油服务。服务中心内拥有充电桩88个，提供快充、慢充两类充电服务，采用自助充电模式，全天可为巡游车及网约车提供近800辆次的充电能力。和顺石油与服务中心毗邻，可为燃油出租汽车提供便捷的加油服务（图32-3）。

（3）停车服务（图32-4）。服务中心提供大小停车泊位160个，其中充电车泊位88个、小车停车泊位65个、大车停车泊位4个、无障碍停车泊位3个。面向全长沙市在籍巡游车提供24h免费停放，新能源汽车2h免费停放服务。

（4）车辆检测及维修服务。服务中心内现有全自动检测线3条、尾气检测线4条、检测设备50余套，占地面积20亩（1亩≈666.67m^2）。维修车间服务内容包括车辆设施维修、维护、座套更新等（图32-5）。

图32-3　充电及加油服务

图32-4　停车区域

图32-5　车辆检测及维修服务

(5)洗车服务。服务中心内设“24h无人值守智能洗车”工位6个，提供6分钟速洗服务，干净快速不伤车(图32-6)。

(6)会议室服务。为司机培训、技能竞赛、考试、安全教育培训等提供场所。小会议室能满足30人会议培训，大会议室能满足200人会议培训使用(图32-7)。

图32-6 洗车服务

图32-7 会议培训

四、取得成效

一是满足了司机实际需求。服务中心切实解决了出租汽车司机长期面临的"就餐难、停车难、如厕难、休息难、充电难"等棘手问题,极大地改善了司机的工作环境。同时,引入的餐饮和维修等配套服务,一站式满足了司机工作期间的各项生活及车辆运维需求,大幅降低了司机的时间成本,显著提升生产生活舒适度,让司机切实感受到党和政府的人文关怀,增强了其职业归属感。

二是逐步规范了行业秩序。服务中心积极配合上级主管部门,针对高铁站营运车辆违规行为开展整治行动。通过建立信息共享机制,及时向主管部门反馈违规车辆信息，协助加强监管力度，有效优化了高铁站周边的营运环境，维护了出租汽车行业的良好秩序。

三是稳步推动了行业发展。服务中心的建设加速了出租汽车运营规范化和现代管理进程。借助多样化服务项目与一条龙式智能服务模式，引导出租汽车行业朝着标准化、智能化方向发展，促进了出租汽车行业的健康稳定发展。此外，服务中心的运营也符合国家关于进一步规范出租汽车行业管理、推动行业持续稳定发展的政策导向，成为在政府支持下以城市新能源电动车充电、出租企业中心区为主的综合性服务典范。

四是有效提升了城市形象。服务中心完善了城市运力布局，提高了营运效率，加强了行业管理，对改善城市形象起到了积极的促进作用。广大司机在良好的服务环境下，以更饱满的精神状态投入工作，更好地服务乘客，展现城市文明窗口形象。自投入运营以来，长沙市东山出租汽车综合服务中心收获了广大司机的高度认可与好评，其成效得到了广泛验证，为城市交通服务领域树立了优秀标杆。

33. 多元服务筑行业根基，卓越成效创暖心驿站

（广西壮族自治区柳州市城中区新能源出租汽车综合服务中心）

一、基本情况

广西壮族自治区柳州市城中区新能源出租汽车综合服务中心（本案例以下简称“服务中心”）位于城中区滨江西路16号（图33-1），地处城市中心区域，紧邻柳州古城，距柳州站车程10min，位置优越、交通便利。场站占地面积近5000m^2，共六层，24h全天候运营。服务中心自2020年12月18日正式投入运营以来，为柳州出租汽车司机提供充电、洗车、维修养护、休息、娱乐、餐饮、综合业务办理等多项服务，为行业健康持续发展提供有力支撑，为新能源汽车推广应用“柳州模式”提供有力保障。

图33-1　综合服务中心外景

二、主要特点

服务中心坚持服务为本、创新开拓的管理理念，致力于成为新能源出行领域的服务创新者、先行者。打造的一站式综合服务站点，解决了长期困扰司机的五大难

题:充电难、用餐难、停车难、如厕难、休息难。服务区内设置了充电区、活动区、休息室等区域,内设有24h免费开水、24h自动售货机、微波炉、就餐桌椅、休闲躺椅、卫生间、健身器材、空调、Wi-Fi、电视等暖心设备设施,司机在工作间隙可享受休息、购物、就餐、健身、如厕、娱乐、学习培训等一体化服务。同时,充分发挥广西云森科技有限公司信息化管理优势,帮助司机办理巡游车司机从业资格考试报名、巡游车年度审验申报、司机岗前培训、线上培训等业务。开展各类服务活动,优化服务质量,让司机感受到行业的关心关爱,得到一致好评。

三、服务功能

(1)充电及停车服务。服务中心内设有30个双枪120kW直流充电桩(图33-2),可同时满足60台新能源汽车的快速充电需求,日充电能力最多可达到600多台/次,是目前柳州市中心城区建成并启用的最大的新能源汽车充电服务站。停车场拥有车位80个,充电可免费停车3h。

图33-2 充电服务

(2)休息服务。服务中心内设司机休息区域(图33-3),占地约80m^2,包括休息间、躺椅、按摩椅、健身器材、自助饮料、微波炉、饮水机、电视机、空调、Wi-Fi等,均供司机免费使用。

图33-3 司机休息区域

(3)车辆维修。服务中心设有车辆维护修理车间(图33-4),提供车辆快修、清洗、漆面抛光、打蜡、补胎、换胎、更换发动机机油、清洗发动机外部等服务,可同时服务30台车辆,均以优于市场的价格为出租汽车提供服务。

图33-4 车辆维修区域

(4)餐饮服务。服务中心四楼的司机休息室内设有24h自动售货机,主售饮料、零食等,休息室可同时容纳250余人就餐(图33-5)。

图33-5 24h自动售货机及热水

(5)党群服务。服务中心二楼设置党群服务室,配有课本、书籍、报刊等,司机日常培训学习均在这里开展(图33-6)。

图33-6 党群服务室

四、取得成效

服务中心集新能源汽车充电、洗车、维修、车联网智能设备研发、休息、娱乐、餐饮、综合业务办理等多项功能于一体。凭借设施完善、服务到位的显著特色，为出租汽车司机提供一站式贴心服务，成为广受好评的暖心驿站，也成为广西最大的新能源出租汽车综合服务站，树立了交通枢纽与能源补给结合的典型示范。

2020 年，服务中心荣获柳州市授予的“新能源汽车推广应用‘柳州模式’充电基础设施建设示范单位”称号；2021 年，被广西壮族自治区发展改革委评为“广西新能源汽车推广应用示范单位”；2023 年，成功打造“城中区新业态司机党群之家”，成为柳州市首个服务新业态司机群体的“党建+”阵地。

34.“山城”温暖港湾,“的哥的姐”家园

（重庆市金山出租汽车综合服务区）

一、基本情况

重庆市金山出租汽车综合服务区（本案例以下简称“服务区”）位于重庆市江北区金渝大道140号，地处城市核心区域，紧邻城市主干道金渝大道与海尔路交叉口（图34-1），距离解放碑、观音桥、两江新区等旅游休闲及办公重要客流地车程均在半小时内，区位及通达性优势明显，便于司机办事休息。服务区由重庆市出租汽车有限责任公司建设运营，占地面积4880m²，于2019年建设完成并投入使用，是重庆市首个集培训、汽车维修、充电等功能于一体的出租汽车综合服务区，每日接待服务车辆200余辆次。

图34-1　综合服务区外景

二、主要特点

在道路坡陡弯急的“山城”重庆，经科学规划与建设，于平坦开阔场地建成了金山出租汽车综合服务区。服务区内设置197个停车泊位，将办公区与司机服务区整合一体，构建一站式服务体系，便于司机办理公司相关业务，进行车辆检修及休

息，有效解决了咨询办事、道路拥堵、停车困难、如厕不便等实际问题。

服务区建成伊始，即具备停车、休息、餐饮、培训等功能。基于运营成效与司机反馈，建设运营单位持续拓展服务范围，陆续增加汽车维修、充换电设施、洗车服务、健身阅读等服务功能，并同步设有党员活动室、工会驿站等功能区域。通过这些贴合实际需求的建设举措，服务区功能得以不断完善，切实改善了出租汽车司机的从业环境，在提升其职业认可度、幸福感和满意度方面发挥了积极作用。

三、服务功能

服务区为出租汽车提供免费停车和洗车服务，设置40个快速充电桩和1座新能源车换电站，同时配备自动洗车机和人工洗车作业设备（图34-2）。

图34-2　停车及换电区域

司机可以到休息室、阅览室或文娱室休憩、阅读报刊或健身运动，在愉悦身心的同时可预防职业疾病（图34-3）。

图34-3　休憩健身区域

餐厅提供具有川渝特色的菜品，麻辣鲜香，符合司机饮食喜好，还配有清爽的餐后水果(图34-4)。

图34-4　餐饮服务

学习培训室宽敞明亮，配有电脑、投影、电视、音响等多媒体现代化教学设备，可同时容纳上百人参加会议和学习培训。

汽车修理厂提供24h服务，以出租汽车维修业务为主，有十余名专业从事出租汽车维护的修理技工，配置举升架13具、汽车电脑解码仪4台、汽车四轮定位仪、大梁校正仪、车辆整形机、轮胎拆装机、轮胎动平衡机、波箱油交换机、冷媒交换机等设备(图34-5)。

图34-5　汽车维修服务

设有党员活动室2间和工会驿站1个，配备学习设施、党建刊物、多媒体设备等，为党员司机开展党内活动提供保障，送去工会组织的温暖关怀(图34-6)。

四、取得成效

一是社会认可。服务区自建成运营以来，受到司机的广泛好评，已有大量司机固定前往本服务区休息或办理业务。经调研走访，收到许多司机的正面反馈，纷纷表示解决了他们工作中的"老大难"问题,一定程度上减轻了工作中的劳累与负担,提升了工作幸福感。自服务区运营以来,三亚、成都、武汉、长沙、澳门等地的出租汽车行业管理部门及企业来此开展调研指导或学习借鉴,服务区影响力持续增强,认可度不断走高。

图34-6 党群服务

专栏34-1

温暖港湾里的团圆时刻

每天下午4时往后,几乎都能看到一辆在外奔忙了一天的出租汽车缓缓驶进重庆金山出租汽车综合服务区——这辆出租汽车的司机正是陈颖、胡益夫妇,他们共同经营一辆出租汽车已有十多年。夫妻俩一个开白班,一个开夜班,每天见面的时间短暂而匆忙,他们把交班地点选在综合服务区的司机驿站,利用有限的时间"一举多得":车检、洗车、充电、休息,还能在温馨的驿站里和家人一起吃晚饭,例行的交接班成了他们一天中难得的温情时光,藏着他们最期待的"团圆"。

妻子胡益驾驶着出租汽车到站后,在休息室等候已久的陈颖便赶忙出来,帮忙把车开进换电站,整理车内车外卫生,顺手递上一杯驿站餐厅的酸梅汤。由于没到食堂就餐时间,夫妻俩总有一方从家里带上自己做的饭菜到驿站,或是提前让熟悉的食堂师傅预留饭菜,加热后食用(图34-7)。在此期间,双方的话匣子迅速打开,"今天跑得怎么样啊""在机场车站有没有接到大业务哇""今天女儿打电话说……"家长里短就是夫妻间乐此不疲的话题。

夕阳西下,陈颖发动车子驶入晚高峰的洪流之中,双手紧握转向盘,仿佛攥着这个小家的未来和希望。后视镜里,驿站的轮廓渐渐模糊,但那份暖意却始终清晰——这里不仅是车轮停靠的驿站，更是让漂泊的“的哥的姐”心有归处的家。

图34-7　陈颖、胡益夫妇每日在服务区“团圆”

二是持续发展。重庆市出租汽车有限责任公司在服务区内驻场办公，解决了场地费用和运营维护等基础开支问题，为可持续运营提供了重要保障。与此同时，服务区积极开展车辆维修、充换电设施、洗车服务等经营性项目，这些项目的盈利不仅反哺了服务区的运营成本，还促使各项目之间形成良性互动的局面，有力推动了服务区的可持续发展，进而创造出更为可观的经济效益与社会效益。

PART 04

第 4 篇

多元运营持续

35. 津城筑港湾，服务暖心田

（天津市铨圣越网约车司机之家）

一、基本情况

天津市铨圣越网约车司机之家（本案例以下简称“司机之家”）位于东丽区，是一座占地面积超过6000m²的网约车一站式运营服务中心，地处核心交通枢纽，紧邻津滨大道、东南半环快速路以及东纵快速路等主要交通干线，依托便捷的区位优势，成为服务司机群体的重要支点。司机之家（图35-1）功能齐全、环境优良，由滴滴出行科技有限公司天津分公司组织建设，由天津铨圣越商贸有限公司负责日常运营管理，日均接待访客量约200人次。

图35-1　司机之家环境

二、主要特点

一是全链条多元服务。司机之家以“多元服务”为核心建设理念，充分发挥运营企业在行业中的资源优势，为网约车及巡游车司机提供全方位的服务支持，实现了从租售、注册、证照办理到维修的全链条服务覆盖。同时通过有效整合资源，解决了司机分散办理业务的难题，实现了服务的系统化和规范化，提高了服务效率和质量。

二是服务与关怀并重。司机之家注重服务的多功能性，不仅具有司机日常生活保障功能，还提供了人员及车辆相关业务办理服务，大幅提升了司机之家的实用性和人性化程度，为司机群体带来了全新的服务体验。

三、服务功能

（1）基本生活服务。如图35-2和图35-3所示，司机之家环境整洁明亮，设有司机专属休息区、休闲区、餐饮服务区和洗车服务区，为司机提供了高品质的服务体验；设有能够容纳100辆车的停车区域，为司机提供充足的停车空间；同时配备热饭、饮水、充电等设备以及卫生间设施，有效解决了司机“停车难、热饭难、饮水难、如厕难”的问题。

图35-2　休息区及餐饮服务区

图35-3　车辆充电及清洗服务

（2）维修服务。司机之家配备专业的车辆维修区域（图35-4），为司机提供快速检测、维护和修理服务，保障车辆高效运营。

图35-4 车辆维修服务

(3)爱车讲堂服务。司机之家开设了营运车爱车讲堂,定期为司机提供接单和车辆使用方面的专业培训指导,在提升司机群体工作效率、工作体验与行车安全性的同时,也加深了司机之家与司机之间的联系与信任。

四、取得成效

一是社会效益显著。司机之家积极落实交通运输管理部门加强劳动者权益保障、持续改善从业人员工作条件和环境等工作要求,通过改善内部环境,优化司机服务,解决了司机群体在日常工作中的诸多痛点问题,增强了司机群体的职业归属感和社会认同感。这些措施不仅促进了城市交通有序运转,也为行业繁荣发展注入了活力。

二是经济效益突出。司机之家以"多元服务"理念为核心,通过业务整合和资源优化,显著提升了服务效率,吸引了众多司机将其作为首选服务场所。随着日均客流量的大幅增加,司机之家的车辆租售和维修业务量也随之激增,形成了服务与盈利的良性互动,有望为运营企业带来稳定而持久的经济收益。

三是可持续运营模式巩固。司机之家依托企业自身深厚的行业资源积累和对司机需求的精准把控,构建了"以站养站"的可持续发展模式。服务收入的稳定增长能够为司机之家提供长期稳定运营的保障。此外,司机之家的建设经验具备良好的可复制性,可作为天津市及其他地区推广同类项目的示范,为推动网约车行业的可持续发展提供了有益参考与借鉴。

36. 温馨驿站筑心港，司机之家显成效

（吉林省梅河口市出租车之家）

一、基本情况

吉林省梅河口市出租车之家（本案例以下简称“出租车之家”）位于梅河口市南环东路与长江路交会处，交通便利。项目建设投资5128万元，总建筑面积超10000m²，于2019年10月完成建设并正式投入运营。出租车之家（图36-1）设有餐厅1栋，能同时容纳300余名出租汽车司机用餐；设有洗浴大楼1栋、换电站1座、停车泊位130个、快充车位20个，除停车、休息、如厕、饮水等基本功能外，还具备洗浴、充电、维修、党群服务、政务服务等功能，满足司机多样化生产生活需求，有效改善了从业人员就业环境。

图36-1　出租车之家外景

二、主要特点

一是综合服务功能完善。出租车之家依托公共交通管理服务中心建设，配备了停车场、卫生间、餐厅、休息室等设施，为穿梭于大街小巷的“的哥的姐”们提供一处温暖之家，不仅解决了司机“停车难、休息难、如厕难”等问题，还将服务监督卡、计价器安装等相关业务集合在一起，全面推行综合服务，全面提升办事效率，一举解决出租汽车司机办理相关事项“时间紧、来回跑”的难题，极大地提升了从业群体

的获得感和幸福感。

二是餐饮洗浴服务优质。出租车之家开设了餐厅和洗浴休息大厅(图36-2)。餐厅用餐时间为10:00—14:00,日均可接待访客1000人次,人均每餐标准7元,采用刷脸电子支付方式,每餐只需支付2元(政府补贴5元),并定期调整菜单;免费洗浴和休息时间为8:30—18:00,日均可接待访客500人次,休息大厅可同时接待30人临时休息,切实改善出租汽车司机工作生活环境。

图36-2　餐饮洗浴

三、服务功能

(1)充电洗车(图36-3)。出租车之家停车场面积2000m²,设有停车泊位130个、独立快充车位20个,并配置换电站1座,每日可完成300多台新能源出租汽车换电服务。利用闲置场地新建自助洗车场,可同时为3台出租汽车提供自助洗车服务,解决出租汽车司机洗车难、洗车贵的问题。

图36-3　充电洗车

(2)业务服务(图36-4)。出租车之家设有综合业务服务大厅,整合车辆服务监督卡、计价器安装维修等相关工作，设有8个服务窗口，高效解决了司机办理相关事项时间紧、来回跑等问题，提升了服务水平。

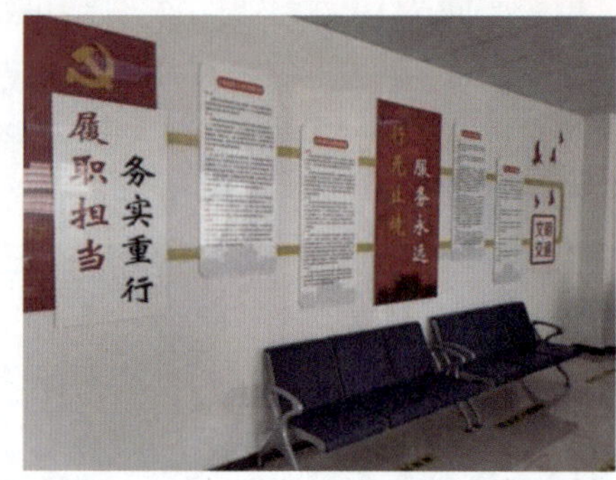

图36-4　业务服务

(3)党群服务(图36-5)。出租车之家设有党员之家，全面构建党群服务新阵地，并建立学习园地，重点组织学习交流党史、党章及党的路线方针政策等内容。同时设立工会驿站，备有书籍、充电设备、工具箱、急救包等物资，提升从业人员归属感和幸福感。

图36-5　党群服务

四、取得成效

一是从业人员权益保障水平不断提升。出租车之家为出租汽车司机提供了价格实惠的餐饮服务和洗浴休息设施，解决了他们在工作中吃饭难、洗浴难、休息难等问题。这种改善不仅提升了司机的工作环境，还增强了他们的归属感、幸福感。司机得到更好的饮食服务和休息环境后，能以更饱满的精神状态为乘客提供服务。

二是社会效益不断凸显。出租汽车作为城市公共交通的重要组成部分，其服务质量的提升直接反映了城市的管理水平和人文关怀。目前，司机之家已累计接待司机超过20万人次。在改善出租汽车司机工作环境的同时，也随之提升了梅河口市公共交通行业管理水平和服务质量，梅河口市人民群众的获得感、幸福感、安全感也随之大幅提升。

37. 暖心服务，暖“新”同行

（上海市闵行区工会服务司机之家）

一、基本情况

上海市闵行区工会服务司机之家（本案例以下简称“司机之家”）位于上海市闵行区七莘路3558号，紧邻虹桥机场、虹桥火车站，区域位置优势显著，是货车司机、网约车司机高频聚集地。司机之家（图37-1）于2024年正式落成并投入运营，室内建筑面积超800m²，配套设施完备。室外充电站面积约3200m²，设有78个充电停车泊位、15个临停车位。司机之家由上海伴橙科技有限公司负责日常运维，闵行区总工会、镇总工会为其服务增效赋能，日均服务约1000人次。目前，司机之家已纳入上海市工会驿站系统统一管理，在中华全国总工会“职工之家”、高德地图、腾讯地图等App成功实现阵地位置标注，便于司机通过导航查找。

图37-1　司机之家外景及服务大厅

二、主要特点

一是功能丰富完善。在闵行区及所属镇级总工会协同推进下，司机之家以原有充电场站为基础持续升级服务能级，形成涵盖三大功能区、配置九大特色设施的综合型服务站点。充电、餐饮、便利店、休憩、淋浴、理发等基础服务全面覆盖，精准满足司机群体“吃口热饭、喝口热水、洗个热水澡、睡个安稳觉、养足精神再出发”的核心需求。

二是活动种类多样。司机之家系统化开展驾驶技能提升与安全培训课程，定期组织司机集体活动，同步提供入会指导、医疗咨询、法律支援等专项服务。结合不定期推出的优惠体验活动，构建"技能培训+权益保障+福利关怀"多维服务体系，切实将司机之家打造成从业人员"敢进来、愿进来、想进来、必进来"的暖心驿站。

三、服务功能

(1)餐饮服务。司机之家提供质优价廉的餐饮服务，餐饮区菜品种类多样，价格从5~20元不等，可同时为100名司机提供用餐服务(图37-2)。2025年镇总工会联合运营方，每月免费发放100张价值20元的餐饮券，为新就业群体提供实实在在的优惠。同时设置24h云值守无人便利超市，售卖面包、咖啡、零食饮料等，满足司机临时就餐需求。

图37-2　餐饮服务

(2)休闲健身。司机之家设有工会健身驿站，配置如跑步机、椭圆机、可调式双滑轮多功能训练器等有氧、力量健身器材，既缓解司机驾驶疲劳，又提升司机体能。司机之家还设置了司机休息室、茶室、台球桌等，满足司机休息社交需求(图37-3)。

(3)洗浴理发。司机之家设有独立淋浴间、桑拿房、洗衣区，能够提供恒温热水、洗衣、干衣一条龙服务，全部免费向司机开放。司机之家还设有专门的理发室，收费低于市场平均水平，2025年镇总工会联合运营方，每月免费发放10张价值38元的理发券，可满足司机理发需求(图37-4)。

图37-3　健身房及休息室

图37-4　浴室及理发室

(4)党群服务。司机之家设有专门的党建和工会宣传墙,同时,设立了“扫码入会”宣传站和“微心愿”征集点,通过工会活动送“码”、阵地亮“码”等形式,推动“扫码入会”嵌入司机之家各类服务场景,让更多的司机群体知晓工会、了解工会、加入工会(图37-5)。

图37-5　党建及工会服务

(5)培训及法律服务。司机培训室不定期开展驾驶技巧培训,包含省电诀窍、交通法规解读等课程,紧跟最新规定,强化安全意识,全方位助力职业提升。引入“工会枫桥”机制,设立“法律援助服务站”,为司机群体提供便捷、高效的全方位一站式法律服务(图37-6)。

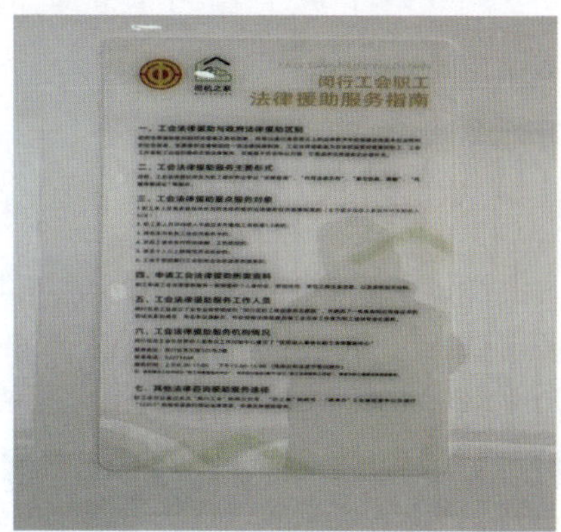

图37-6　培训及法律服务

四、取得成效

一是改善司机从业环境。司机之家自建成以来,始终秉持着“关爱司机、服务司机、温暖出行”的服务理念,从货车司机、网约车司机工作和休息的实际需求出发,为司机群体提供一系列贴心实用的服务设施和关怀举措,通过打造形成10min可达的工会服务圈,为司机提供了一个舒适的休息环境,有助于缓解他们的疲劳,提高生活质量,同时也增强了司机对职业的归属感和满意度。

二是社会效益显著。司机之家在推广新能源车辆充电服务的同时,也增强了司机对环保的认同感,促进了绿色出行理念的普及。司机之家的建设得到了社会的广泛认可,不仅提升了工会组织的形象,还促进了社会和谐,体现了对出租汽车司机、环卫工人、快递员、外卖员等劳动者的关怀和支持。让更多的“城市摆渡人”成为“温馨一家人”,为行业高质量发展贡献力量。

38. 精筑网约，安行甬城

（浙江省宁波市网络预约出租汽车服务中心）

一、基本情况

浙江省宁波市网络预约出租汽车服务中心（本案例以下简称“服务中心”）位于宁波市鄞州区甬兴西路235号，紧邻宁波城市主干道、中心城区内外交通转换的重要纽带——环城南路高架，处于鄞州商业区附近，靠近居民区，便于网约车快速融入城市交通网络，交通十分便利。服务中心（图38-1）办公场地有5层楼，占地面积约3600m²，设立中心管理、安全管理、司机服务、平台服务、车保服务等部门，运营服务人员共16人，2024年2月建成并投用，日均服务从业人员约400人次。

图38-1　服务中心外景

二、主要特点

一是功能多元化。服务中心集成办公服务区、多功能会议室、充电设施、餐饮服务等基础功能，同步设置法律援助窗口、业务咨询专席、司机招聘通道及纠纷调解室，全面覆盖网约车从业者工作生活需求。

二是服务有特色。通过整合网约车行业协会、平台运营商、运力公司、保险服务机构、停车场及充电站等产业链资源，服务中心构建了资源共享协作机制，形成“协会+企业+配套”服务合力，显著提升行业服务效能。

三是党建促发展。服务中心设立流动党员党支部，建立基层治理参与机制，引导从业人员在规范运营、城市服务等方面发挥积极作用，推动行业健康有序发展。

三、服务功能

服务中心配套设有停车场，占地面积约4700m²，设有200余个停车位，50个充电桩（计划后期增加40个），同时配备自助洗车机设备，为司机提供停车、充电、洗车等多种服务（图38-2）。

图38-2　停车及充电区域

服务中心的平安大食堂能够容纳130人就餐，提供中餐、晚餐服务，日均服务约300人次，管理规范、服务优质，得到广大司机的广泛好评（图38-3）。

图38-3　平安大食堂内外景

服务中心的会议室占地面积300m²，可容纳百余人开会及培训。已多次召开行业协会会议、平台司机培训会议、保险对接会等（图38-4）。

服务中心的司机矛盾调解室可为司机提供合同纠纷、平台争议等协调处理（图38-5）。

服务中心设有休息室、活动室，布置了沙发、冰箱、电视机、饮水机、休息椅等，保障平台公司员工和司机日常生活需求。

图38-4 会议室及培训场景

图38-5 司机矛盾调解室

四、取得成效

一是构建行业协同发展新格局。全力整合行业优势资源，建立产业协同发展平台。通过联动宁波市网约车协会、工会联合会及10家主流运营平台，汇聚8家头部保险机构及优质运力企业，形成"协会+平台+保险+运力"的"四位一体"服务体系，实现行业信息互通、资源共享、标准共建，有效提升产业链整体效能。

二是打造一站式服务综合体。聚焦司机核心需求，建成宁波首个网约车专属服务空间。通过科学规划平安大食堂、司机之家等功能区，集成充电补给、平价餐饮、教育培训等十余项基础服务，切实解决从业人员"休息难、喝水难、吃饭难、补给难"等四大痛点，获评浙江省新就业形态劳动者服务示范站点。

三是完善权益保障闭环体系。设立司机矛盾调解室，为司机提供合同纠纷、平台争议等协调处理服务，保障司机合法权益。设立保险窗口，解决网约车行业保险难、保险费用高、无处投保等问题，保障企业和司机的权益。

四是党群共建赋能行业发展。2024年7月成立网约车流动党支部，先后组织

“爱心献血”“夏日送清凉”“急救员培训”“我心向党”主题学习等活动，以党建引领行业发展，以党建凝聚司机力量。4名党员先后获评浙江省“最美司机”“浙江省交通系统先进党员司机”“江北区新业态锋领工匠”等荣誉称号。

39.红行瓯越打造“4S”司机幸福驿站

（浙江省温州市瓯海区新桥网约车司机之家城市驿站）

一、基本情况

浙江省温州市瓯海区新桥网约车司机之家城市驿站（本案例以下简称“驿站”）位于瓯海区新桥街道西山西路183号，地处温州市主城区西侧，与锦绣路主干道相连，交通便捷、覆盖面广。驿站（图39-1）占地面积超6000m²，由温州黄金假日汽车公司负责日常运营，配备司服、车管、财务、管理等人员共27人，日均服务司机1300余人次，是温州市规模最大、功能最全的多元功能司机服务中心。驿站提供休息、餐饮、维修、加油、充电等服务，满足司机全方位需求，并定期开展活动，提升服务质量，为司机打造温馨便捷的“家外之家”。

图39-1　驿站外景

二、主要特点

一是政企协同构建标准化服务体系。驿站采用“企业出资+工会补助”的共建模式，对照城市驿站“8+X”服务标准，以“司机的一天”服务理念为导向，逐步构建包含“4S”功能的服务体系，即“共享（Share）之家”“服务（Service）之家”“学习（Study）之家”“社交（Social）之家”四大板块，并细分餐饮休憩、充电维修、共享空间等16个功能区，打造成为温州市首个集新能源汽车充电、销售、维修、自助洗车等功能于一体的多元服务站点。

二是多维联动打造集成服务模式。运营过程中，滴滴公司系统性推进服务下沉，将车辆租赁、司机招募、安全培训、福利发放及专属客服等线下业务模块有序迁移至驿站。同时引入城公法律服务队与嘉瑞城律师事务所驻点，为司机群体提供法律咨询、权益维护及心理疏导等专业服务。交通运输部门创新推行“审批服务前移”机制，将证照办理、从业资格考试等政务服务事项纳入驿站服务清单。通过构建多维度的综合服务体系，驿站显著增强了司机群体的归属感，已发展成为区域性的“司机服务枢纽”。

三、服务功能

（1）充电停车。驿站提供停车泊位260余个，充电枪120把，免费停车时长4h（图39-2）。

图39-2　停车充电区域

（2）餐饮服务。驿站根据出租汽车司机的上班特点，建立了司机食堂和“深夜面馆”（图39-3），分别可容纳100人和30人就餐。设有自动售卖机，24h供应面包、蛋糕、零食、饮料等，为司机提供临时的能量补充场所。

（3）休息服务。如图39-4a）所示，驿站配备空调、Wi-Fi、按摩椅、电视、充电器、杂志、书籍等，为司机提供了一个舒适的休闲放松环境。

（4）自助服务。如图39-4b）所示，驿站设有卫生间、免费沐浴室、全自动洗车机、饮水机、自动售货机、冰箱、微波炉、药箱等设施。

（5）党群服务。驿站设有标准化党员活动室（图39-5）。

（6）车辆租售。驿站提供车辆租赁和销售服务，帮助司机上岗就业，既促进了司机就业和职业发展，也为驿站带来了经济效益（图39-6）。

图39-3　餐饮服务

a)休息区域

b)自助服务区域

图39-4　休息区域及浴室

图39-5　党员活动室

(7)车辆维修。驿站提供车辆维护、保险咨询、出险报案、故障抢修等服务(图39-7)。

(8)司机线下服务中心。驿站为网约车司机提供业务办理、教育培训、咨询洽谈服务(图39-8)。

图 39-6　车辆租售区域

图 39-7　车辆维修区域

图 39-8　司机线下服务中心

四、取得成效

一是“党建工作优势”成为“企业发展优势”。通过强组织、优队伍、优制度等方式，实现网约车司机流动党员“身份有归属、活动有阵地”。2024年，驿站运营企业产值超2000万元，管理的司机队伍壮大至2800人，日均服务超1300人次，驿站运营实现“输血式”向“造血式”转变。

二是“城市摆渡人”成为“温馨一家人”。推行“单位联建、党群联心、服务联办”的“三联”机制，举办各类活动96场，累计服务网约车司机15500余人次，关爱慰问生活困难司机30名，帮助解决司机“关键小事”42件。驿站多元的服务保障，有效提升了司机与驿站的黏合度。

三是“服务对象”成为“治理力量”。企业的暖心服务，在网约车司机群体中产生了积极影响，激发了正能量。351名司机加入“瓯路先锋志愿队”，公益服务时长累计超过20000h，通过协助提升城市形象、配合开展隐患排查、合力维护交通安全等参与城市治理，司机们的城市融入感大大提升。

驿站通过完善综合的服务体系，成为温州出租汽车司机的“温暖港湾”，解决从业人员实际需求的服务成效获得多方认可，先后获评“全国最美工会户外劳动者服务点”“浙江省交通运输行业党建示范点”“温州市五星级两新党组织”“温州市工人先锋号”“瓯海区先进基层党组织”“亲警驿站”“温州市网约车司机法律服务基地”“温州市互联网企业党建拓展点（退役军人就业创业基地）”。

40. 打造暖心司机驿站，暖新服务“一站到家”

（山东省青岛市桓晟泰司机驿站）

一、基本情况

山东省青岛市桓晟泰司机驿站（本案例以下简称“驿站”）位于青岛市李沧区金水路与永川路交叉口南侧，紧邻城市主干道。驿站（图40-1）占地面积约2000m²，日均接待服务司机120~150人次。驿站投入运行以来，取得了较好的社会效应和示范作用。

图40-1　司机驿站外景

二、主要特点

为了服务好出租汽车司机，青岛桓晟泰公司创新打造集“车服保障+生活服务”于一体的综合性司机驿站。驿站通过构建双维度服务体系，全面满足出租汽车司机职业与生活需求。在车辆服务维度，整合形成“修理—养护—充电”全周期解决方案，配备专业维修工位、智能检测设备及快速充电桩，实现故障处理、日常养护与能源补给的全链条服务。在生活服务维度，驿站采用“基础保障+品质升级”分层服务体系：基础层配备标准化宿舍、共享厨房及24h卫浴设施；品质层建设健康监测小屋（常备急救药品）、健身活动区（含台球桌、乒乓球桌等设施）及文化休闲空间

(图书阅览室、影音娱乐系统)。所有功能区均支持扫码预约免费使用,并特别设置党建活动室与政策咨询窗口强化行业服务。通过"设施集群化+服务智能化"的运营模式,有效破解从业者"就餐难、休憩难、充电难"等实际问题。驿站现已成为出租汽车服务体系中的重要服务节点,持续为司机群体提供安全可靠的后勤保障与人文关怀。

三、服务功能

(1)综合服务。驿站构建"停充休养"一体化服务体系:标准化停车场占地面积600m^2,设置60个专属停车泊位,满足全天候停车需求;司机休息室集成饮水充电、无线网络、自助售货等基础服务,同步配置雨具借用、轮胎充气、应急维修等12项便民设施;24桩智能充电站(快慢充比例5:1)日均完成充电服务100辆次,充电量达4000kW·h(图40-2);车辆服务中心提供"维保—保险—理赔"全链条服务,日均处理新能源车维保工单50余例。

图40-2 停车及充电服务

(2)餐饮服务。如图40-3a)所示,驿站建成配备40~50人用餐容量的共享餐厅,提供包含6荤6素标准菜品、多样主食及粥品的完整餐饮体系,并实行弹性供餐机制,保障司机错峰就餐需求,日均服务超百人次。餐厅同步实施差异化关怀政策:对工会认证新业态从业者提供优惠餐食,为困难司机及特殊群体开设免费就餐通道。此外,配套共享厨房配备基础烹饪设施及简餐食材,支持司机自主加工热食,形成"餐厅标准化供餐+厨房自助补给"的双重保障模式,切实增强从业群体的归属感与职业幸福感。

(3)党群服务。如图40-3b)所示,驿站内设有党群活动室,供党员学习、会议和组织活动使用。活动室内提供红色党建书刊,便于党员司机进行学习和充电。

a)餐饮区域

b)党群服务

图40-3　餐饮及党群服务

(4)共享职工之家。驿站本着“一室多用、节俭利用”的原则,在有限的空间内设置了阅读、健身、健康小屋、职工休息室、台球室、乒乓球室、会议室等多个功能区,职工可通过扫码预约免费使用各个功能室(图40-4)。

图40-4　共享职工之家

(5)惠工家住宿服务。驿站创新打造阶梯式居住保障体系:驿站三、四层为标准化司机宿舍,实行299元/月统一管理模式,配备免费共享浴室、公共卫生间及自助洗衣设施,为无房司机提供基础生活服务。精准实施住房帮扶政策——面向困难司机群体开放免费住宿通道,对外地从业者按租车周期提供1~3个月过渡性免费住宿,累计已惠及60名司机。通过“惠工家”居住解决方案,有效解决新业态群体住宿条件差、获取难等痛点,构建起“基础保障+特殊关怀”的多维安居网络。

四、取得成效

驿站自运行以来,赢得了广大司机的赞誉。驿站内配备的各种设施物资,为往来的司机提供休息、洗浴、餐饮、充电等各项暖心服务,解决了他们行车路上的困难和不便。驿站还不定期举行安全驾驶培训、“送温暖送清凉”等活动，进一步增强司机群体的获得感、幸福感。驿站采用“党建引领+温馨服务+业务提升”运营模式，充分发挥党的建设功能、持续拓展职工之家服务特色，努力改善提升司机从业环境，破解出租汽车司机“休息难、吃饭难、停车难”等难题，把驿站建设成传递党和政府关爱的阵地。

41. 运力生态筑基石，幸福家园暖万家

（重庆市幸福千万家司机家园旗舰店）

一、基本情况

重庆市幸福千万家司机家园旗舰店（本案例以下简称“司机家园”）坐落于重庆市渝北区礼洁路10号，与重庆礼嘉儿童医院及礼嘉天街相邻。场地整体占地面积约8000m²，设有新能源快速充电桩、全自动洗车机、停车区（面积超1000m²，可容纳40余台车辆停放）及2层楼的服务区域。是一座集租卖车服务、车辆维修服务、司机生活服务等于一体的出租汽车司机家园，日均接待服务400人次（图41-1）。

图41-1 司机家园环境

二、主要特点

司机家园以“科技重构运力生态，让出行更美好”为使命，以“1+1=1”，即“1人（司机）+1车（合规运力）=1家庭（成就1个幸福家庭）”为品牌定义，致力于为司机提供开放、共生的出行运力全生命周期服务。司机家园在提供车辆定制、车辆租赁、车辆销售、能源服务、维修配件、生态服务等全产业服务的基础上，逐步拓展服务功能，提供能源补给、车辆整备及餐饮、洗浴、理发、休闲、娱乐等生活服务，为司机提供全工作周期综合服务。

三、服务功能

(1)充电及洗车服务。司机家园内共有充电桩14个,位于园区内南侧;拥有全自动洗车机1台,位于园区内西侧(图41-2)。

图41-2　充电及洗车区域

(2)车辆维修服务。司机家园按照4S店标准打造,为司机提供机电维修、钣金喷漆、新能源车辆电池维修等服务(图41-3)。

图41-3　车辆维修区域

(3)餐饮及娱乐服务。司机家园的司机食堂可同时容纳60人用餐,娱乐休息区24h为司机免费开放,娱乐休息区包含阅读、台球、乒乓球、棋牌、按摩等项目(图41-4)。

(4)司机生活配套服务。司机家园包含理发、洗衣、洗浴等区域,其中理发室配备专职理发师,浴室包含独立的男浴室及独立的女浴室,洗衣区包含洗烘一体洗衣机4台,浴室及洗衣区24h开放服务(图41-5)。

图41-4　娱乐及餐饮区域

图41-5　休息、洗衣、理发等区域

四、取得成效

司机家园通过"经济收益—社会价值—持续发展"三重维度协同，实现商业效益与公共福祉的平衡，为出租汽车行业高质量发展提供可复制样板。

一是经济效益显著提升，形成稳定运营生态。司机家园2024年全年接待服务近17万人次，月均1.4万人次的稳定流量支撑了充电、维修（年服务5.7万辆次）、餐饮（年服务5.6万人次）等核心业务收益。通过新能源快充服务（月均2870人次）、车辆维修一体化和免费生活配套，显著降低司机运营成本，提升收入稳定性。8000m^2场地的集约化运营模式，叠加充电、洗车、维修、生活等复合功能，实现单位面积产值高效转化，日均服务400人次，凸显资源整合优势。

二是社会效益广泛凸显，重塑司机职业生态。司机家园以一站式服务覆盖司机工作与生活全场景，帮助司机节省分散服务时间，并通过24h免费娱乐休息区、心理健康支持设施（书籍、按摩椅等）及理发、洗衣等社区化服务，有效缓解职业疲劳，降低交通安全风险。同时毗邻礼嘉儿童医院及商业区，形成服务辐射效应，强化区域民生配套能力；"1+1=1"品牌模式树立行业标杆，全年服务近17万人次验证了“运力+生活”融合模式的可行性，推动行业向人性化、集约化转型。

三是可持续发展能力增强，构建绿色服务闭环。司机家园通过14个新能源充电桩（年服务3.4万人次）、节水洗车设备和洗烘一体机（月均574人次）践行绿色低碳理念，年减少碳排放约500t。车辆全生命周期服务（租售、维修、回收）延长车辆使用周期，其中每年提供维修服务5.7万辆次，减少了资源浪费，形成“运营—环保—经济”良性循环。高频刚需服务与服务民生深度融合，叠加稳定客源与数字化升级潜力，为长效发展筑牢根基。

42. 出租汽车司机的驿站，城市的温馨港湾

（新疆维吾尔自治区和田市灿烂充电站司机小站）

一、基本情况

新疆维吾尔自治区和田市灿烂充电站司机小站（本案例以下简称“司机小站”）位于和田市夏玛勒巴格路22号，处于城市环主干道关键位置，周边环绕地区政务服务大厅、工业园区，紧邻315国道出入口，交通十分便利。司机小站（图42-1）所在充电站占地面积达1000m²，站内配备10个充电桩，能同时满足20台新能源电动汽车的充电需求。司机小站由和田市玉都之家出租汽车公司投资建设并运营，休息区内设有空调、饮水机、无线网络、读书角、电视、沙发、乒乓球桌等设施，为和田市1600余名出租汽车司机提供了舒适的休闲、休息环境，同时满足出租汽车司机安全学习等多样化需求，是一个集充电、休息、洗车、如厕、淋浴、停车等多功能于一体的服务站点。

图42-1　司机小站外景

二、主要特点

一是功能融合。司机小站创新性地将充电功能与司机的生活、休息、学习等功能有机融合，打造了综合性服务空间，改变了传统单一功能站点的模式，提高了空间利用率和服务效率。

二是理念环保。司机小站在建设过程中采用环保材料和节能设备，如节能灯具、雨水收集系统（可用于洗车）等，既降低了运营成本，又践行了环保理念，为城市可持续发展作出贡献。

三是管理智能。司机小站引入智能充电管理系统，司机可以通过手机App实时查询充电桩使用情况、预约充电时间，实现了充电服务的智能化和便捷化，减少等待时间，提高运营效率。同时，充电价格极具竞争力，日间0.7元/(kW·h)，夜间0.49元/(kW·h)，处于和田市最低水平。

三、服务功能

1.基础服务

（1）充电服务：如图42-2a）所示，司机小站配备先进的快速充电桩，能够在短时间内为电动汽车充电补能，满足出租汽车高频次的充电需求，确保车辆快速投入运营，减少司机的运营空窗期和收入损失。

（2）车辆维护：如图42-2b）所示，司机小站设有简易的车辆维护区域，提供免费的轮胎充气、车辆清洁等基础维护服务，延长车辆使用寿命，提升行车安全性，降低司机的维护成本。

a）充电区域

b）维护区域

图42-2　车辆充电及维护区域

2.生活服务

（1）休息区域：如图42-3a）所示，司机小站宽敞明亮、整洁舒适的休息室内配备了舒适的沙发、按摩椅等，让司机在疲惫的工作间隙能够充分放松身心，缓解身体疲劳，提高后续工作的精神状态。

（2）餐饮供应：如图42-3b）所示，司机小站与周边餐饮商家合作，设立便民餐车并提供外卖订餐服务，为司机提供价格实惠、种类多样的餐食选择，解决司机就餐难、就餐贵的问题。

a)休息区域

b)餐饮区域

图42-3　休息及餐饮区域

(3)卫生设施:司机小站设置干净卫生的公共厕所和淋浴间,24h供应热水,满足司机日常的洗漱和沐浴需求,让司机在工作之余能够保持良好的个人卫生和形象。

3.学习与娱乐

(1)安全教育:司机小站定期组织交通安全知识讲座和培训活动,通过播放安全教育视频、开展案例分析等形式,提高司机的安全意识和应急处理能力,降低交通事故发生率,保障司机和乘客的生命财产安全。

(2)文化学习:如图42-4a)所示,司机小站设置图书角和文化学习区域,提供各类书籍、报纸杂志以及国家通用语言文字学习资料,鼓励司机利用碎片化时间学习文化知识,提升自身素养,同时也促进了各民族司机之间的文化交流。

(3)娱乐设施:如图42-4b)所示,司机小站配备电视机、台球桌等娱乐设施,让司机在休息时间能够放松心情,缓解工作压力,丰富业余生活。

a)学习区域

b)娱乐区域

图42-4　学习与娱乐区域

4.运营管理

(1)人员配备方面:司机小站配备了专业的管理人员和服务人员,包括充电桩维护人员、保洁人员、安全巡视员等,明确各岗位的职责和工作流程,确保站点的日常运营有条不紊进行。

(2)服务规范方面:司机小站制定了严格的服务规范和质量标准,要求服务人员热情、耐心、细致地为司机提供服务,及时响应和解决司机的问题和需求,定期收集司机的反馈意见,不断改进服务质量。

(3)安全保障方面:加强司机小站的安全管理,安装监控摄像头,覆盖整个司机小站区域,确保车辆和人员的安全;同时,配备消防器材和应急照明设备,定期组织安全演练,提高应对突发事件能力。

四、取得成效

一是司机满意度高。通过问卷调查和司机反馈,超过98%的司机对司机小站的服务表示满意或非常满意。他们认为司机小站的建设切实改善了他们的工作条件和生活质量,让他们感受到了城市的关怀和尊重,增强了他们对出租汽车行业的归属感和忠诚度。

二是行业形象改善。司机小站的建设和运营成为和田市城市建设的一道亮丽风景线,展示了城市对出租汽车行业的重视和支持,提升了出租汽车行业的整体形象和社会认可度,吸引了更多优秀人才投身于出租汽车行业,促进了行业的健康发展。

三是安全事故减少。由于安全教育活动的有效开展和司机安全意识的提高,出租汽车交通事故发生率同比下降,保障了司机和乘客的生命安全,减少了因交通事故造成的经济损失和社会不良影响。

四是社会和谐促进。司机小站为出租汽车司机提供了一个交流互动的平台,增进了司机之间的感情和团结协作精神。同时,通过国家通用语言文字学习和文化交流活动,促进了各民族司机之间的相互了解和沟通协作,营造了和谐稳定的社会氛围。

PART 05

第5篇 集约标准惠民

43. 精致便捷功能全，的士驿站暖人心

（北京市京城暖心的士驿站圣火广场站）

一、基本情况

北京市京城暖心的士驿站圣火广场站（本案例以下简称"的士驿站"）位于北京市房山区长阳镇太阳圣火广场内，附近住宅及商业聚集，地理位置交通便利。的士驿站由北汽蓝谷新能源科技股份有限公司负责建设运营，设有换电站1座、充电桩19个、停车泊位近500个，能够为出租汽车司机提供充电、餐饮、洗车、休息等服务。的士驿站于2022年11月投入运营，截至目前，累计接待服务量已超4万人次。

二、主要特点

一是空间优化，功能齐全。的士驿站（图43-1）占地面积不大，但其依托周边得天独厚的交通、补能等资源，打造出"小而全"的建设特色，精心规划设立就餐区与休息区，确保司机能在干净整洁的环境中补充能量，放松身心。

图43-1 的士驿站环境

二是配套完善，服务便捷。的士驿站周边配套设施较为完备，停车泊位充足，为出租汽车的停放提供了极大的便利。同时建有快速充电桩、换电站和维修中心（图43-2），满足司机多样化需求。此外，所在地太阳圣火广场的特色餐饮机构为司

机提供了丰富的就餐选择。

图43-2 换电站及维修中心

三是党建引领，文化熏陶。的士驿站专门设置图书阅读区，配备有主题党建、红色经典等各类书籍，使司机在休息的同时，能够深入学习党的理论知识，提升自身的党性修养和文化素养。

四是广泛宣传，扩大影响。北汽蓝谷新能源科技股份有限公司作为的士驿站的建设运营方，在驿站建设运营、形象提升、司机福利关怀等方面，开展了大量宣传报道，吸引社会各界关注，使驿站成为传递温暖与关爱的象征，也为社会提供了有益借鉴。

三、服务功能

(1)生活服务。的士驿站可以为司机提供上网、热水、就餐、休息、如厕等服务，有效解决了司机“停车难、如厕难、就餐难”等问题。

(2)充电维修。的士驿站场内设有换电站和充电桩，周边设有车辆维修接待中心，具备洗车、补胎、保养、修理、钣喷等服务。

(3)宣传教育。的士驿站定期开展党建宣传活动，引导党员司机发挥先锋模范作用，传播行业正能量；定期播放出租汽车领域相关宣传片及科普视频，教育司机不断提升安全意识。

四、取得成效

一是教育慰问深入人心。2024年，的士驿站成功举办了两场党群活动(图43-3)，分别是“玫瑰书香”阅读活动和专项慰问服务工作者活动，不仅丰富了服务工作者的精神生活，提高了其工作热情，还增强了团队的凝聚力和社会责任感。

图43-3 党群活动

二是服务质量赢得口碑。的士驿站始终以司机需求为中心，通过举办夏日送清凉、冬至吃水饺等活动，营造出家一样的温馨氛围，获得了主流媒体的广泛报道，提升了社会影响力，赢得了司机和社会各界的认可和支持。

专栏43-1

暖心驿站里的"冬至家宴"

"师傅，来尝尝刚出锅的饺子！"冬至这天，房山圣火广场的士驿站里飘出阵阵香气。出租汽车司机围坐在餐桌旁，一边吃着热腾腾的饺子和汤圆，一边聊着家长里短，场面温馨得像一个大家庭的聚会。

"这韭菜馅儿饺子真香！"开了20年出租汽车的张师傅夹起一个饺子，笑着对的士驿站工作人员说："往年冬至都是在路边随便买点吃的，今年能在驿站吃到现包的饺子，感觉特别温暖。"张师傅告诉工作人员，他早上6点就出车了，能在这个特殊的节日里吃上一顿热乎饭，让他倍感温暖。

"我们提前一周就开始准备了，就是想让司机师傅们感受到家的温暖，看到师傅们吃得开心，我们也很满足。"活动负责人介绍道，的士驿站每年都会举办"冬至伴您行，关怀暖人心"活动（图43-4）。除了三种馅料的饺子，驿站还准备了精美的糕点。

正在给同事盛汤的王师傅接过话茬："我去年就来吃过，今年特意赶着饭点过来。这儿的饺子比饭店的还好吃，关键是这份心意难得。平时跑车十几个小时，吃饭都是随便对付，能在冬至这天和同行们一起吃顿团圆饭，感觉特别有意义。"

的士驿站里，欢声笑语不断。有的司机在交流跑车经验，还有的在给家里打电话报平安。窗外寒风凛冽，的士驿站内却暖意融融。临走时，张师傅特意找到工作人员道谢："谢谢你们的用心，让我们这些跑车的师傅也过上了像样的冬至！"

这样的温馨场景，在房山圣火广场的士驿站已经成为节日里的常态。从夏日的清凉礼品到冬至的热乎饺子，驿站用最朴实的方式，温暖着每一位奔波在路上的出租汽车司机。

图43-4 "冬至伴您行，关怀暖人心"活动

三是补能业务促进发展。的士驿站不仅为司机群体提供了休息放松的场所，还与周边充换电产业产生了积极互动，为司机提供了便捷优质的服务，增强了的士驿站的吸引力，形成了资源共享、共同发展的良好态势。越来越多的司机在给车辆换电或充电的间隙，选择走进的士驿站，歇歇脚、吃口饭。

44. 协同发展提服务,科技服务促融合

（河北省保定市涿州诚启出租车司机驿站）

一、基本情况

河北省保定市涿州诚启出租车司机驿站(本案例以下简称“司机驿站”)位于涿州市城区南107国道东侧。自2022年投入运营以来,司机驿站(图44-1)凭借毗邻交通干道的区位优势和日均高车流量特征,构建起高效便捷的车辆停泊和服务体系。司机驿站以新能源汽车4S店为基地,通过打造“协同发展+”服务体系,整合党建宣传、安全培训、休憩补给三项核心功能,设置标准化停车位50个,形成多功能综合服务站点。运营近三年间,累计服务巡游车和网约车司机超过900人,司机驿站服务平台注册乘客达1.7万余人,展现出高效的服务承载力和广泛的社会影响力。

图44-1 司机驿站外景

二、主要特点

一是助力巡网融合发展。司机驿站积极发挥“站虽小、功能强”的特点,在交通运输行业主管部门的领导下,以党员活动室为阵地,以提升客运出租综合服务水平为目标,以巡网融合为途径,以培训考核为抓手,建立了司机常态化培训机制。通过系统的职业技能与安全生产培训,实现了巡游车司机网络接单能力与网约车司

机地理文化素养的双向提升。这种优势互补的融合模式，不仅促进了司机队伍服务理念和安全意识的整体升级，更推动形成了爱岗敬业、规范经营的良好行业风尚，为提升城市客运服务品质、塑造文明窗口形象注入了新动能。

二是科技驱动服务创新。司机驿站积极响应行业主管部门打造“文明出租、绿色出租、智慧出租、巡网融合”的号召，投资三十余万元建成巡网一体化的调度中心，对接市级监管平台，实现巡游车与网约车实时客源共享。依托比亚迪新能源专营店资源，司机驿站完成营运车辆纯电动化更新，全系标配数字监控调度系统，实现车内服务监管、车外行驶监控与后台中心联动的立体化管理。通过技术赋能，既提升司机接单效率和行车安全，又推动行业向绿色低碳方向转型，为“智慧出租”发展提供可复制的实践样本。

三、服务功能

(1)基础服务。司机驿站内设有宽敞舒适的休息大厅，配备沙发和按摩椅，方便司乘人员休息；提供简单实惠的餐饮服务，配置微波炉、热饮机、自动售卖机，满足司机临时用餐需求；停车场面积1000m²，提供新能源车辆充电及维修服务。此外，司机驿站还为司机提供免费血压检测，并组织急救常识培训，提升司机应急处置水平。司机驿站餐厅及休息室如图44-2所示。

图44-2　司机驿站餐厅及休息室

(2)科技服务。司机驿站通过“平台云端”技术构建起增单、提效、安全、优质的双向服务体系。具体采用“三通”模式，将交通运输局监控指挥中心数据、司机端及车辆内外实时影像进行系统整合，实现全量数据无卡顿云存储，有效保障司乘安全。在此基础上，利用数据分析模板和自主研发的打车软件，优化车辆调度，减少空驶率，提升司机运营收入。此外，同步开发了“涿州出租车”小程序和App，开设了打车平台的抖音直播间，构建具有城市特色的智慧出行平台。为拓宽服务渠道，特别开通便民约车专线“3601234”，并与全国服务号“95128”形成电话服务体系，为巡游车和网约车司机提供零成本接单服务。这些措施不仅显著提高了巡网融合出租汽车经营者的收入，也使得老年人和学生等群体打车变得更加便捷快速。司机驿站科技服务功能如图44-3所示。

图44-3　司机驿站科技服务功能

四、取得成就

一是推动出租汽车行业转型升级。司机驿站以点带面，全面促进涿州市出租汽车行业在服务效率、专业化水平、司机队伍稳定性及业态升级等方面实现突破。截至目前，涿州市已完成新能源出租汽车100%更新目标，巡网融合出租汽车收入同比提升30%，司机日均接单量达15单，月均流水收入突破万元。这一升级模式不仅显著优化了服务品质，也大幅降低了乘客投诉率。

二是推进新老业态融合发展。司机驿站创新推出巡游车与网约车融合运营模式，以“小场景大作为”策略打破业态壁垒，推动巡游车司机与网约车司机建立协同发展关系。通过共享接单信息、运营经验及区域资源，实现服务标准统一与“同城同价”机制。该模式的实施有效维护了出租汽车市场秩序平衡，市民出行效率与乘车体验同步提升，出租汽车行业呈现健康可持续发展态势。

三是党建引领服务增效。司机驿站以党建为引领，高标准建成党员活动室与职工活动中心双阵地，为党员及职工打造规范化活动平台；针对性开辟退伍军人及党员就业通道，成功组建红旗标兵车队和城乡七座党员先锋快车队，显著提升党员及退伍军人在出租汽车司机队伍中的占比。常态化开展党史教育、爱心送考及抗洪抢险等志愿活动，结合系统化服务培训机制，有效提升司机服务品质与运营秩序。同步建成健身房、心理咨询室及法律援助站等特色功能区，全面增强司机群体的职业获得感、幸福感、安全感，推动行业服务水平整体优化升级。图44-4为司机驿站举办的各类活动。

图44-4　司机驿站举办活动

45.电动转型先行者，司机休息好家园

（辽宁省铁岭市公交公司充电站出租车司机小站）

一、基本情况

辽宁省铁岭市公交公司充电站出租车司机小站（本案例以下简称“司机小站”）位于辽宁省铁岭市铁岭县凡河镇，地处铁岭市老城区与新城区的交界处，紧邻两大区域的主要交通干道，占地面积140m²，由铁岭交通运输集团新能源科技有限公司投资建设。司机小站致力于为新能源出租车司机提供充电期间的休息场所（图45-1），实行24h不间断运营，并有专职人员全天候服务。除了提供基础的休息和用餐服务，小站还免费提供咖啡、糖果、热水、台球、按摩、洗浴、休息和洗车等服务。自投入运营以来，司机小站日均司机接待量约300人次，深受广大司机欢迎。

图45-1 休息区

二、主要特点

一是促进产业发展。司机小站依托现有充电站建设，推动公共领域车辆电动化水平的提升，加速构建绿色低碳交通运输体系，实现了交通基础设施建设强化和

综合运输服务产业发展完善的双突破。

二是服务功能完善。司机小站虽然占地面积不大,但向司机提供综合服务,不仅满足了新能源车辆司机充电需求,也解决了司机休息、餐饮、休闲等生活服务需求,有效改善了司机从业环境。

三、服务功能

(1)基础服务功能。司机小站功能丰富多样,拥有588个停车泊位,配备独立卫生间,并设有宽敞的休息区。同时,休息区配备沙发、糖果、咖啡和茶饮,使司机在充电时能充分休息。司机小站还配备了按摩椅和台球桌,供司机娱乐放松。

(2)餐饮服务功能。司机小站提供24h餐饮服务(图45-2),品种丰富,价格亲民。早餐收费8元/人,包括豆浆、粥品、小菜、炒饭等;午餐为自助餐,提供10个菜品,收费13元/人;其他时段还提供手撕面、炒饭、馄饨等,满足了司机就餐需求。

图45-2　餐饮服务

(3)充电服务功能。司机小站设有41个充电桩(图45-3),其中40个是240kW快速直流充电桩,1个是7kW交流充电桩,满足各车型充电需求。司机可通过线上预约并查询充电进度,享受高效便捷的充电服务;专业工作人员提供咨询支持,确保安全出行。此外,司机小站还设有自助洗车区,司机在充电时可顺便清洗车辆。

四、取得成效

一是推动电动化进程,助力清洁能源战略。司机小站通过充电站建设,为新能源汽车提供了便捷充电服务,提升了服务水平,促进了新能源汽车的普及,解决了出租汽车充电问题，推动了行业电动化转型，支持辽宁省清洁能源战略的实施。

图45-3　充电桩

二是加强权益保障，改善从业环境。司机小站为司机提供了休息、餐饮、娱乐等一站式服务，显著改善了出租汽车司机的福利待遇和工作环境，提升了行业内部的凝聚力和归属感。

三是打造暖心服务，树立企业形象。辽宁省铁岭市公交公司党支部结合充电站建设"司机驿站"，设立"共产党员先锋岗"，提供一站式、高性价比的充电服务，通过暖心服务增强品牌影响力，树立了良好的企业形象。

46."小驿站"传递"大温暖"

（黑龙江省齐齐哈尔市铁锋区中国石化加油站工会驿站）

一、基本情况

黑龙江省齐齐哈尔市铁锋区中国石化加油站工会驿站（本案例以下简称"驿站"）位于黑龙江省齐齐哈尔市铁锋区站前大街东侧、龙升路2号，临近建华高速出口，周边交通便利，总占地面积4062m^2。驿站是由齐齐哈尔市铁锋区总工会和中国石化齐齐哈尔石油分公司联合建设，是贯彻落实中央相关精神的"贴心工程"、关心关爱户外劳动者的"暖心工程""我为群众办实事"的"民心工程"，是齐齐哈尔市首座集加油、加气、充电站于一体的服务站点。驿站外景如图46-1所示。该驿站24h营业，配备员工9人，自2022年10月建成以来，日均服务司机车主900余人次，累计服务出租汽车司机近20万人次。凭借温馨的环境和优质的服务，该驿站赢得了社会各界的广泛赞誉。2024年，黑龙江省总工会授予其"最美驿站"荣誉称号，充分肯定了其在服务户外劳动者方面的突出贡献。

图46-1　驿站外景

二、主要特点

驿站前身是中国石化黑龙江齐齐哈尔石油分公司原铁北加油站，仅有加油和充值功能。为响应齐齐哈尔市政府的城市规划，该站进行了拆迁重建，在原有加油功能基础上增加了加气、充电业务，扩展了服务范围，致力于打造集汽车服务、餐饮、医疗等于一体的“加能站+”综合体，以满足司机和乘客的多样化需求。在齐齐哈尔市区工会的支持下，驿站按照“7+X”标准进行了设施设备的配置，精心打造了“爱心驿站”和“司机之家”，具备停车、休息、如厕、餐饮等功能，有效解决了出租汽车司机“就餐难、饮水难、休息难、如厕难”问题，得到广大司机的一致好评。

三、服务功能

（1）基础服务。驿站24h营业，在平价便利店设有休息区（图46-2），按照“7+X”标准配备设施设备，包括饮水设备、冰箱、微波炉、桌椅、空调、小药箱、多功能电源插座及手机充电口，增设雨伞、针线包、地图和维修工具等便民服务工具，并设置男女独立卫生间，有效解决了出租汽车司机“就餐难、饮水难、休息难、如厕难”问题。

图46-2　便利店及休息室

（2）加能及停车服务（图46-3）。驿站是齐齐哈尔市首家综合加能站，可提供加油、加气、充电等加能服务，满足不同司机综合加能需求。同时该驿站在充电区、站房侧面空地、北面出站口空地，设置供司机休息的停车泊位，可容纳20余辆车停放。

图46-3　加能及停车服务

(3)党群服务。驿站专门设立了宣传栏(图46-4),作为信息交流和宣传教育的重要平台,定期举办各类公益活动,包括安全知识讲座、法律咨询服务以及生活帮扶等,旨在提升司机的安全意识、法律素养和生活质量。同时通过发放建会入会、权益保障等宣传资料,开展司机权益保障政策宣传,不仅加强了驿站与司机的联系,也体现了驿站作为党群服务窗口的价值和作用。

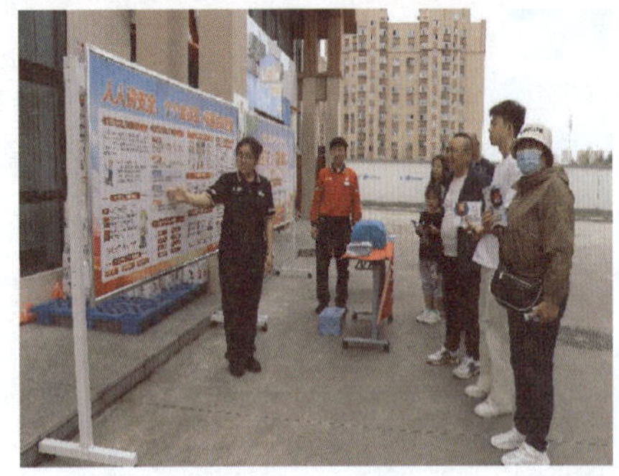

图46-4　安全宣传

(4)维修洗车(图46-5)。该驿站设置出租汽车专用维修服务场地,占地面积25m²,可满足对车辆进行简单维修的需求。驿站内设置自助洗车设备,为出租汽车司机提供免费车辆清洗服务。

图46-5　维修洗车

四、取得成效

一是形成可复制经验。中国石化黑龙江齐齐哈尔石油分公司遵循“少投入、好管理、易复制、可持续”的原则,采取“企业主导、社会参与、共建共享、务实高效”的模式,致力于改善出租汽车司机的工作生活条件。通过整合现有资源,科学选址和合理布局,公司已在齐齐哈尔市5区1市3县建设了包括铁锋区中国石化加油站工会驿站在内的11个爱心驿站,形成了一个覆盖中心城区和城市主干道的公益服务网络。

二是提升权益保障水平。驿站以倾听和关怀为核心,不断拓展服务内容,解决出租汽车司机面临的“一渴两怕三难”问题,为他们提供物质帮助和情感支持。夏季,驿站成为司机的避暑天堂,提供凉爽环境和清凉饮品;冬季,则提供热饮和保暖用品,传递温暖;节日期间,共享传统美食,增进情感交流。这些举措不仅为司机提供了家的温馨,也激发了他们的工作热情和责任感,增强了他们对行业的归属感。

三是提升品牌形象。驿站持续开展安全知识讲座、法律咨询服务及生活帮扶等系列公益活动,不仅有效增强了司机的安全防护意识和法律维权能力,还切实解决了从业群体的实际困难。驿站服务获得司机群体的广泛好评,受访者普遍表示“在这里找到了家的归属感”,深切感受到社会对基层劳动者的关怀与尊重。这一创新实践既彰显了央企服务民生的责任担当,又通过口碑传播强化了品牌美誉度,生动诠释了企业社会责任的实践价值。

47.新时代“枫桥经验”生根开花，出租汽车司机又添“新家”

（福建省福州市出租汽车共享司机驿站冠浦路站）

一、基本情况

福建省福州市出租汽车共享司机驿站冠浦路站（本案例以下简称“司机驿站”）位于福州市仓山区冠浦路132号，紧邻城市主干道出入口。司机驿站（图47-1）总面积达200m²，除常态化提供日常基础服务外，还提供免费维修工具、技能培训等服务。同时，公益律师每周四上午前往驿站为职工特别是网约车司机提供免费法律服务，积极打通服务新就业形态群体的“最后一公里”，得到了广大出租汽车司机的认可。目前，驿站日均服务出租汽车行业从业人员约125人次，成为出租汽车司机的“歇脚地”“加油站”“暖心窝”。

图47-1　司机驿站内外景

二、主要特点

按照“场地虽小、服务全面”的综合服务站点建设原则，司机驿站在基础服务上拓展了会议培训、车辆维修、法律援助等功能。其中，会议场地面积超150m²，能够满足网约车司机日常线下安全出车服务培训和活动开展需求。在节假日司机驿站为司机提供夏季送清凉、冬季送温暖等温馨活动。司机驿站提供方便面、八宝粥等物资自助领取服务，实实在在为广大司机提供福利。维修场地面积超500m²，司机在维修站修车时，可在司机驿站休息和学习。此外，司机驿站还提供超100本红色系列书籍，积极开展党建宣传。司机驿站的休息及服务区域如图47-2所示。

图47-2　休息及服务区域

三、服务功能

司机驿站为出租汽车司机提供冷可取暖、热可纳凉、渴可喝水、累可歇脚、急可如厕、闲可看书、伤可用药的全方位服务。司机驿站依托“驿站枫桥”，为司机提供法律援助、咨询服务，助力新就业形态的良好有序发展。同时，为更好服务出租汽车司机工作生活，引入新能源汽车维修厂。司机驿站的法律援助、咨询区域及能源车辆维修区域如图47-3所示，用餐及车辆充电区域如图47-4所示。

图47-3　法律援助、咨询区域及能源车辆维修区域

四、取得成效

一是安全培训体系更加完善。司机驿站通过每月组织10次以上安全培训及应急演练，累计覆盖从业人员3000余人次，司机群体安全行车规范知晓率、突发事

件处置能力显著提升，交通事故发生率显著下降。

图47-4　用餐及车辆充电区域

二是关爱服务更具温度。依托“四季关爱”专项行动，司机驿站累计开展夏季送清凉服务覆盖5000余人次、冬季送温暖活动覆盖2000余人次，司机群体对职业认同感、城市归属感、满意度显著提升。

三是维修保障更加惠民。新能源车辆维修站月均完成车辆维保300余辆次，维修价格透明度、服务响应速度获司机普遍认可，“不宰客、质量优”的口碑在行业内形成示范效应。

四是矛盾化解更加高效。“驿站枫桥”法律服务平台月均为20余名司机提供法律咨询，成功调解劳资纠纷、交通事故等矛盾，将法律咨询、法律援助、普法宣传等法律服务向基层一线延伸，实现“小事不出驿站、维权就在驿站”，为司机挽回经济损失二十余万元。

五是服务平台更加多元。司机驿站通过增设心理疏导室、政策宣传屏等设施，拓展“技能培训+心理关怀+政策直达”多元服务，持续为福州网约车群体与工会、政府之间搭建沟通交流的温暖平台，成为政策服务的“宣传站”和为民办事的“服务站”。

48.爱心汇聚驿站，温暖传递全城

（江西省上饶市国控爱心驿站）

一、基本情况

江西省上饶市国控爱心驿站（本案例以下简称“爱心驿站”）坐落于上饶市信州区三清山大道综合供能站内，紧邻三清山大道，地理位置优越。该爱心驿站由上饶国控能源发展有限公司建设及运营管理，自2023年10月投入使用以来，已服务客户超12万人次。随着爱心驿站知名度的提升，客流量呈稳步增长态势。爱心驿站（图48-1）拥有上下两层空间，站房面积144m^2，24h全天候开放。场站虽小，却因其优质便捷的服务，成为新就业群体遮风挡雨的“落脚点”及出租汽车司机的“专属加油站”。

图48-1 爱心驿站外景

二、主要特点

一是提供多种方便的供能方式。爱心驿站所在的综合功能站秉持创新发展理念，将传统能源与新能源深度融合，全力打造“加油、充电、光伏、换电”一体化的综合供能模式，实现了多种能源之间的高效互补与循环利用。这种创新模式不仅契合了当下能源发展趋势，也为出租汽车司机提供了可油可电可换的多种出行方式选择，在众多服务站点中脱颖而出，成为能源综合利用的典范。

二是突出暖“新”服务理念。爱心驿站建设运营单位始终将关爱新就业群体作为核心使命，以提供全方位、多元化的民生服务为导向，以为出租汽车司机打造一个温馨的“落脚点”为初衷，并在满足基本需求的同时，注重给予精神关怀与尊重，让每一位从业者在这里感受到社会的温暖与支持。

三、服务功能

(1)舒适便捷的休憩空间(图48-2)。爱心驿站内部精心设置了多个功能区域，一楼舒适的沙发桌椅、齐全的应急药箱、干净的饮用水、手机充电插排和电吹风机等设施，满足了司机日常工作中的各种基本需求。二楼的阳光休息区光线充足，环境宜人，冬有暖阳照耀、夏有凉风相伴。图书阅览区则为喜爱阅读的司机提供了一个知识的宝库，让他们在休息的同时能够充实自我。

图48-2 休息区域及母婴小屋

(2)高效优质的能源补给。爱心驿站旁的国控加油站油品齐全，为过往车辆提供稳定可靠的能源供应。同时，加油站还推出了一系列极具吸引力的优惠活动，定期开展非油促销活动以及单品促销等，让车主们在加油的同时能够享受到实实在在的实惠。充电站拥有103个宽敞的快充车位，充电效率高、速度快。会员制度为新能源汽车车主们带来了诸多福利，如2.8元购买1000kW·h会员折扣额度，199积分可兑换3元充电抵用卡，799积分可兑换10元充电抵用卡等，大大降低了车主们的充电成本。爱心驿站的加油区域及积分活动如图48-3所示。

图48-3 加油区域及积分活动

(3)丰富多彩的党群活动。作为党群服务的重要阵地,爱心驿站积极发挥党建引领作用,建设了专门的党建宣传阵地和宣传栏。爱心驿站不定期地组织各类活动(图48-4),如安全知识讲座,邀请专业人士为司机传授安全驾驶、作业等方面的知识,提高安全意识;开展教育培训活动,提升司机职业技能和综合素质;在炎炎夏日送清凉,为司机送去防暑降温用品;定期举办义诊活动,关心司机身体健康;每逢传统节日,送上温暖的节日问候和礼品,让司机切实感受到关怀与温暖。

图48-4 各类爱心活动

四、取得成效

一是基础服务效能切实提升。爱心驿站的设立有效解决了出租汽车司机“吃饭难、喝水难、休息难”等实际问题,显著改善其工作与生活条件。爱心驿站为司机提供常态化饮水、热餐、休憩等基础服务,并在低温雨雪等恶劣天气中成为户外工作者应急避寒、临时休整的安全场所,切实保障其身体健康与工作安全。受益劳动者对驿站服务认可度高,普遍反馈幸福感与便利性显著提升。

二是运营管理机制持续优化。通过定期开展员工服务技能培训，强化服务意识与专业能力，确保服务响应及时高效。优化服务流程后，爱心驿站办事环节更加便捷，服务效率明显提高，等候时间大幅减少，服务体验显著改善，吸引更多出租汽车司机及户外劳动者主动到访。

三是资源整合成效逐步显现。爱心驿站通过精准对接司机需求，针对性设置服务功能，确保服务内容与实际需求匹配。联合医院、志愿者协会等社会力量开展义诊、公益活动，延伸健康监测、法律援助等专业化服务，形成“基础保障+多元支持”的服务体系。引入智能管理系统优化服务流程，推行线上预约等数字化服务模式，进一步提效降耗，增强服务可持续性。

49. 司机驿站"微治理",激活行业"大动能"

（甘肃省兰州市犇犇约车兰州分公司司机驿站）

一、基本情况

甘肃省兰州市犇犇约车兰州分公司司机驿站（本案例以下简称"司机驿站"）坐落于甘肃省兰州市安宁区洄水湾路1号，位于主城区中段，位置优越、交通便利。司机驿站（图49-1）占地面积为2500m²，由甘肃雅迅（犇犇约车）信息科技有限公司兰州分公司建设并运营，为兰州市3000多名网约车司机提供了驻足休息的场所，并配备10余名工作人员，每日接待司机50余人次。

图49-1　司机驿站外景

二、主要特点

司机驿站于2019年建设之初，主要作为收集平台自营司机《从业资格证》、车辆《道路运输证》审验资料，并查询处理日常违章违规事件的办公场所。之后，根据平台运营的实际情况，增加了提升司机服务能力的培训学习项目。随着网约车辆运营里程数的增加，为确保车辆运行安全、机械性能良好，又增设了车辆维修等服务项目。2022年公司党委成立后，兰州分公司党支部的党员学习教育、党日主题活动也在驿站开展（图49-2）。在党员先锋队和退役军人司机带动下，各类主题活动逐渐增多，加之关爱新就业形态劳动者（图49-3）政策的实施，在省市工会和行业主管部门的指导支持下，司机驿站进一步完善了组织管理和服务机制，将其建设成为全流程服务网约车、巡游车司机和运营车辆的综合服务场所。

图49-2　培训学习、安全教育、党日主题活动

图49-3　开展各类关爱司机活动

近年来，为配合兰州市公安局交通治安分局全力维护市域公共交通治安秩序持续平稳发展，司机驿站又增设了犇犇网约车人民调解员工作站（图49-4），依法开展非警务纠纷警情分流调处化解工作，配备了法律援助和矛盾调解服务，日常由专业的律师和调解员为司机提供法律援助支持和矛盾纠纷调解，帮助解决工作与生活中的难题，提升归属感和幸福感。

三、服务功能

司机驿站内部设有舒适的休息区，配置了床铺、沙发、电视、无线网络、空调、饮水机、健身器材、洗衣机等设施（图49-5），并24h不间断提供热水，以满足司机的基本生活需求。司机驿站还特别设置了洗修车区(图49-6),配备了专业的洗车设备和维修人员,能够及时解决车辆的各类故障和清洗需求,确保司机能够安全、整洁地出车。

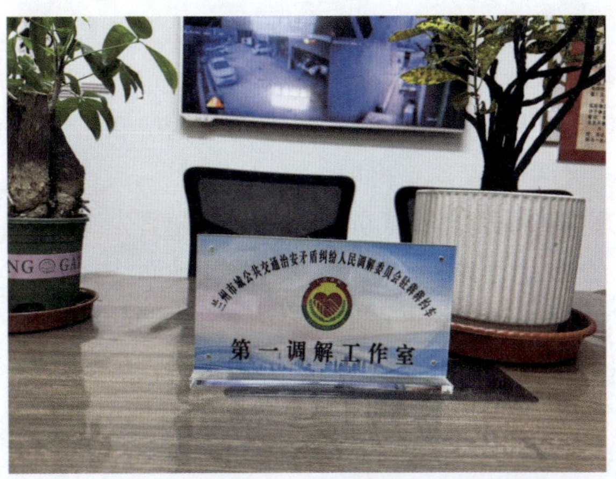

图49-4　人民调解员工作站

图49-5　生活服务设施

图49-6　车辆清洗、维修服务

四、取得成效

一是党建引领下的综合服务体系建设成效显著。犇犇约车兰州分公司以党建为引领，整合工会、妇联等群团组织资源，打造司机驿站作为服务司机的核心阵地，通过人性化设施和多元化服务增强新业态劳动者归属感。驿站与治安管理部门深度协作，进一步促进形成以人民调解为基础，行政调解和司法调解优势互补、有机衔接、协调联动的“大调解”工作新格局。

二是基层治理网格化管理模式创新落地。以党员先锋队、退役军人司机为骨干，将班组转化为基层治理单元，培育司机担任流动网格安全员。通过“班组负责制”激发主观能动性，为实现“小事不出企业，大事不出行业，矛盾不上交，服务更暖心，宣防更严密，出行更安全”行业治理目标提供有力保障。

三是职工关怀与和谐劳动关系构建成效突出。平台创新“服务驿站+职工关怀”工作模式，为司机提供法律咨询、心理疏导等服务。该模式带动行业服务标准提升，得到广大司机的高度好评，形成可复制的“兰州经验”，为全国新就业形态劳动者权益保护提供实践样本。

50. 厚普充电情暖司机路，工会携手共筑温馨途

（青海省西宁市厚普新能源有限公司网约车司机之家）

一、基本情况

青海省西宁市厚普新能源有限公司网约车司机之家（本案例以下简称“司机之家”）地处西宁市城东区南辅路1号，位于西宁市城东区站东巷和站西巷中间，是连接G6京藏高速东西上下口的重要交通路口，可通往火车站、百货集散市场等地，是夏季等旅游旺季车辆的必经之路。司机之家（图50-1）于2023年12月5日投入运营，目前已累计接待服务车辆12.86万辆次、充电量380万kW·h，日均服务车辆352辆次。着力解决巡游车和网约车充电等痛点、难点问题，并积极延伸拓展服务，为广大司机提供休息港湾。

图50-1　司机之家外景

二、主要特点

厚普“司机之家”以新能源补给为核心，以民生服务为延伸，通过集约化布局与资源整合，打造高原特色交通服务样板，为促进道路运输行业可持续发展、提升区域公共服务水平提供有力支撑。

一是科学规划布局，优化地理区位优势。司机之家占地面积9亩（1亩≈

666.67m²），选址于交通干线关键节点，采用环岛式花园布局，场地以沥青全面硬化，坚实平整。作为青藏公路沿线的重要服务站点，重点服务出租汽车、货车司机及外地自驾游客，有效满足高原长途运输与新能源车辆充电需求。

二是突出建筑特色，融合功能与文化元素。主体建筑采用异形集装箱模块化组合，与高强度膜结构有机结合，兼顾实用性与视觉美感。亮化设计提升夜间服务品质，集装箱外观展现工业文化魅力，膜结构有效抵御高原强紫外线照射。

三是完善设施配置，构建多元服务体系。园区内配备1个液冷超级充电桩、49个超级快充桩，形成高效充电矩阵；同步设置电动二轮车换电柜、公共卫生间、休息区、餐饮区及便民服务点，实现“充电+如厕+休憩+餐饮”一体化服务（图50-2和图50-3）。通过集装箱空间改造，集成基础维修、物资补给等延伸功能，切实解决司乘人员实际需求。

图50-2　司机休息及车辆充电区域

图50-3　餐饮服务及阅读学习区域

四是聚焦群众需求，彰显人文关怀理念。通过实地调研、交流座谈等形式，收集司乘人员意见建议，针对性实施细节改造与功能优化。室内外空间注重采光通风与舒适性设计，服务流程注重便捷高效，从防暑防晒设施配置到休憩区域规划，全方位体现对高原行车群体的关怀，切实提升群众满意度。

三、服务功能

(1)文化学习服务。设立图书角，配备党建、文化、道路安全、法律法规等多领域书籍，满足司机充电闲暇时的阅读需求。

(2)健身康体服务。提供设备齐全的健身房供锻炼使用，并配置舒适按摩椅，帮助司机缓解疲劳、放松身心。

(3)车辆清洁与生活便利服务。设置洗车工具间满足车辆清洁需求；配备自助售卖机供应速食、烤肠、咖啡等便捷餐饮，同时提供多样菜品的餐饮服务及双微波炉，兼顾日常与特殊餐饮需求。

(4)卫生与基础保障服务。保持卫生间清洁无异味，全天候供应茶水与开水，确保司机基本生活需求得到高质量满足。

(5)工会协作优化服务。通过与工会合作，持续优化设施条件，增强服务活力，为司机营造家一般的舒适环境，助力司机之家的长效发展。

四、取得成效

一是经济效益显著攀升，服务效能全面增强。通过2024年第四季度设施优化与服务升级，司机之家日均服务车辆较前三季度提升58.19%，日均充电量增长67.78%，服务辐射能力大幅增强。双微波炉、自助餐饮及错峰充电等特色功能有效激活消费潜力，形成“充电+休憩+消费”一体化服务链条，推动站点经济收益与社会价值双提升，为区域经济增长注入新动能。

二是就业帮扶成效突出，民生福祉切实改善。立足本地化用工导向，吸纳7名城东区困难群众就业，精准帮扶困难家庭增收，助力稳就业、保民生目标实现。此举彰显企业社会责任担当，为新业态劳动者提供稳定就业平台，有效提升群众获得感、幸福感，为基层社会治理和共同富裕实践提供鲜活样板。

三是城市形象提质升级，文旅融合协同发展。以“司机之家”为载体打造城市服务窗口，通过标准化设施、人性化服务及旅游旺季错峰充电保障，显著提升城市公共服务品质与对外吸引力。2024年夏季旅游季期间，累计服务旅游车辆超千辆次，游客满意度较高，成为宣传城市形象、助推文旅产业发展的特色名片，间接带动周边餐饮、零售等产业增收。

四是党建引领凝心聚力,社会治理效能凸显。依托工会共建机制,司机之家深度融合党建宣传与便民服务,建成传递党的政策、凝聚行业力量的前沿阵地。通过关爱司机群体、改善从业环境,有效增强职业认同感,切实促进新业态群体与社会和谐共融,形成“企业尽责、职工受益、社会赞誉”的良性发展格局,为基层社会治理创新贡献示范经验。